KB250982

金剛般若波羅蜜經

이토록 명쾌한 금강경

이정서

이른아침

金剛般若波羅蜜經

姚秦天竺三藏鳩摩羅什譯

如是我聞一時佛在舍衛國祇樹給
孤獨園與大比丘眾千二百五十人
俱尒時世尊於食時著衣持鈢入舍衛
大城乞食於其城中次第乞巳還至
本處飯食訖收衣鈢洗足巳敷座而坐
時長老須菩提在大眾中 即從座起
偏袒右肩右膝著地合掌恭敬而白
佛言希有世尊 如來善護念諸菩薩
善付囑諸菩薩世尊善男子善女人
發阿耨多羅三藐三菩提心應云何
住云何降伏其心佛言善哉善哉須
菩提如汝所說如來善護念諸菩薩
善付囑諸菩薩汝今諦聽當為汝說
善男子善女人發阿耨多羅三藐三
菩提心應如是住如是降伏其心唯
然世尊願樂欲聞
佛告須菩提諸菩薩摩訶薩應如是
降伏其心所有一切眾生之類若卵
生若胎生若濕生若化生若有色若
无色若有想若無想若非有想若非无

본서는 해인사에 보관된 팔만대장경(고려대장경) 중

구마라집이 한역한 『금강반야바라밀경(金剛般若波羅密經)』을 저본으로 삼았다.

이 판본은 동국대학교 불교학술원아카이브에서 확인할 수 있다.

통행본과 다른 글자 및 구절이 몇 군데 있는데, 이는 이 책의 제2부에서 설명하였다.

차
례

들어가는 글

7

읽기 전에

13

제1부
바르게 읽는 금강경

17

제2부
원전대로 읽는 금강경

61

나가는 글

251

추천의 말

253

새로운 『금강경』이 필요한 이유

AI가 아무리 발달해도 문학 번역은 불가능할 것이라는 점을, 예시를 들어가며 구구절절 설명한 적이 있었다. 불과 2년 전이다. 이후 인공지능은 비약적으로 발전했다. 그 발전 속도는 설명이 불가능할 정도다. 그렇다면 2년 전의 저 말은 이제 거두어들여야 할까? 결론부터 말하자면, 분명 엄청나게 달라졌지만, 저 말의 본실은 여전히 유효해 보인다. 적어도 2026년 3월 현재까지는.

나는 그 가장 큰 원인이, 한국어로 정확히 '직역'된(원문 +조를 보존한) 데이터가 부족했기 때문이라고 생각해 왔다. 실제로 내 경험상, 불과 2년 전까지만 해도 데이터에 기반한 번역기에 복잡한 문학 문장을 물으면 오류를 일으키거나 결과가 크게 뒤엉키곤 했다. 기본 데이터가 되는 번역 문장들이 문법대로 '정역'되어 있지 않았기에, 초기 단계의 번역기가 그 불규칙성 앞에서 겪는 혼란일 것이라고 나는 보았다.

한문漢文의 경우는 어땠을까? 대화형 AI인 챗지피터 초기 버

전만 해도 한문 번역은 거의 불가능했다. 하지만 지금은 못 하는 게 없다. 단순히 번역을 해 주는 수준이 아니라 어떤 상황을 넣고 지시하면 오언절구五言絶句 같은 시로 변환해 주기까지 한다. 두보나 이태백이 와도 명함조차 못 내밀 수준이다.

그렇다고 챗지피티의 번역이 완벽하다는 의미는 아니다. 예컨대 매주 산행길에서 표지판으로 만나는 어색한 번역의 〈동령폭東嶺瀑〉이라는 추사의 시 한 편을 묻자, 마찬가지로 엉터리 번역을 내놓았다. 물론 한자를 모르는 일반 독자가 보기에는 완벽한 번역처럼 보일 만큼 수려한 문장으로.

여기에 우리의 번역에 대한 비밀이 또 하나 숨겨져 있다. 나는 『이방인』(불어)과 『1984』(영어) 같은 서양어 번역 작품에서 느꼈던 어설픈 전개나 개연성 결핍의 문제들이, 뒤늦게 원문을 비교해 보고서야 '번역 때문'이었다는 사실을 깨달은 적이 있다. 불어에서 영어로 번역한 작품을 비교해 보았을 때도 사정은 마찬가지였다. 두 언어의 변환 결과는 우리말 그것보다 심하면 심했지 덜하지 않았다. 그건 각 언어가 가진 특수성 때문이었다.

번역의 문제는 물론 우리만의 문제가 아니다. '번역은 제2의 창작'이라는 말이 진리처럼 받아들여지게 된 것도 그 때문이다. 어떤 어색한 번역도 '의역'이라고 하면 그냥 넘어가는 풍토, 그것이 세계인들로 하여금 번역에 대해 지나치게 관대하게 만든 것이다. 학문의 엄정함과 철저함이 번역에서만큼은 지켜지지 않았던 셈이다.

그런데 대화형 인공지능 번역기가 등장하고 발달하면서 역설적으로 번역의 정확성과 오류를 명백히 확인할 수 있게 되었다. AI에게 '문학 문장'을 번역시키는 것이 아니라, 내가 만든 번역문이 문법적으로 맞는지 틀리는지만 검토해달라고 하면 기계적으로 정밀하게 점검을 해 주는 것이다. AI의 대답이 어느 수준인지는 스스로 한 번역문이나 기존 번역서의 문장과 원문을 입력하고 그 사실 여부를 물어보면 누구나 확인할 수 있을 것이다.

아무튼, 번역 문제에 빠져 있던 나는 한글판 『조선왕조실록朝鮮王朝實錄』을 살펴보게 되었다. 알다시피 국역 『조선왕조실록』은 그 양이 워낙 방대하여 이 땅의 거의 모든 한문학자가 총동원되다시피 하여 30년에 걸쳐 작업한 결과물이며, 그 이후로도 계속해서 수정, 보완되어 온 책이다. 그런데 그것조차 내 기준으로 보기엔 잘못된 곳이 너무 많았다. 우선 지나치게 힌문漢文두라, 한문을 모르는 세대에겐 거의 읽힐 수도 없는 수준의 번역이었다. 하도 답답해서 나는 하던 일을 멈추고 한동안 이 실록의 번역에 매달렸다. 물론 불어나 영어가 그러했듯, 내가 한문 실력이 다른 분들보다 뛰어나서 덤벼든 것이 아니다. 읽히지 않는, 무슨 말인지 알 수 없는 번역이 답답해서 원문의 한 글자 한 글자, 한 단어 한 단어를 파고들었을 뿐이다. 결과는 놀라웠는데, 새로 옮긴 한글판 『조선왕조실록』은 그야말로 흥미진진한 역사소설보다 더 재미있고 현장감이 넘쳤다.

그러던 어느 날 우연히 절에 놓인 『금강경』의 한글 번역본을 보게 되었다. 내 눈엔 역시 문제가 있어 보였다. 일단 잘 읽히지가 않았고, 읽어도 무슨 말인지 알기 어려웠다. 당연히 번역이 문제일 것이라는 생각이 뇌리를 스쳤다. 이후 여러 종류의 『금강경』 해석본과 해설서들을 찾아보게 되었는데, 솔직히 어느 책에서도 속 시원한 답을 얻지 못했다. 문장들은 애매하거나 모호하고, 앞뒤가 연결되지 않았다. 해설이란 것도 거의 불교 철학과 교리에 정통한 학자나 선승이 아니고는 쉽사리 덤벼들기 어려울 정도였다. 무언가 잘못돼도 단단히 잘못됐다는 생각이 들었다.

  그러다가 이미 놀랄 만큼 발전한 챗지피티에게도 시험 삼아 번역을 시켜 보았는데, 그 속도와 결과가 참으로 놀랍고 현란했다. 제시하는 자료나 번역의 속도만 두고 보자면 이제 정말 수백, 수천의 천재 인간들 두뇌를 모아놔도 따라갈 수 없는 수준임이 분명했다. 내용도 얼핏 보면 흠잡을 데 없는 번역이었다. 묻는 사람의 수준에 따라 답이 달라지는 그 번역문을 그대로 복사해 두어도, 보통 사람이 보면 아마 그간 본 어떤 번역서들보다 잘 읽히고 뛰어나 보일 수 있을 정도였다.

  하지만 당연히 인공지능의 번역도, 내가 보기엔 여러 곳에 문제가 있었다. 이는 바른 번역이 아직 존재하지 않는다는 방증이기도 했다. AI는 기존에 나온 지식을 학습하고 종합하여 그 결과를 제시하는데, 앞서 말한 대로 제대로 된 데이터, AI가 학습할 올바른 데이터 자체가 없었던 것이다.

『금강경』이 쓰인 게 약 이천 년 전이다. 인도계 언어(산스크리트어 등)로 전해지던 말이 구마라집鳩摩羅什*에 의해 한자로 번역漢譯되고, 이를 다시 한글로 옮겨 읽어 온 세월도 수백 년이 훨씬 넘었다. 그 세월 동안 숱한 귀재들이 번역하고 연구해 왔다. 그럼에도 우리는 여전히『금강경』을 어렵다고 말한다.

나는 지금『금강경』의 철학적 깊이를 말하는 게 아니다. 일반인들이 느끼는 어려움, 여래如來와 수보리須菩提가 나누는 문답 형식의 그 문장 자체가 어렵게 느껴진다는 말을 하고 있는 것이다. 분명 우리말로 된 글인데, 읽어도 무슨 말인지 알기 어렵고, 당연히 그 깊은 의미를 파고드는 일은 언감생심이다. 평생 숱한 관련서를 읽어왔을 학자들조차『금강경』을 어렵다고 느끼는 경우가 비일비재하다.

불경佛經은 곧 부처님의 '말'이다. 아무리 시대 환경과 문화가 다르다 해도 '말'이 그렇게 어려울 수는 절대 없을 것이다. 그걸

---

* 구마라집(鳩摩羅什, 344~413)의 '什'은 한국 한자음이 하나로만 고정되어 있지 않다. 사전의 용례에 십(十人 열 사람), 집(세간, 집기) 같은 독음과 훈이 함께 있다. 그런데 이 인명은 본래 산스크리트어인 Kumārajīva(쿠마라지바)를 한자로 음사(音寫)한 것(鳩摩羅什)이고, 동아시아 불교권에서는 그를 '羅什(나습)', 더 줄여 '什(습)'이라 부르는 관행이 강했다. 그래서 불교권 전통에서는 구마라습, 나습(羅什)으로 자연스럽게 굳었다. 반면 일반 한자어 용례에서 '什'을 '집(집기 什器, 세간)'으로도 읽기 때문에, 이름을 구마라집으로 읽는 표기도 널리 생기게 되었다. 어느 것이 맞고 틀리다는 문제는 아니므로, 세간에 널리 통용되고 있는 '집'으로 표기했다.

이천 년 세월이 지난 지금까지 어려워한다는 게 말이 되나? 무언가가 잘못되었기 때문이다. 부처님이, 사람들이 알아듣지도 못할 말을 하시면서 신심을 일으키고 지혜를 심어주고자 했으리라고는 도무지 상상할 수 없는 일이다.

그러한 문제의식에서 시작된 게 이 책의 번역이다.

이제 읽어보면 알겠지만, 역시 『금강경』은 어려운 책이 아니었다. 처음부터 끝까지 앞뒤가 이어지고 내용의 전개가 물처럼 흐르는 자연스러운 책, 모든 궁금증이 이 경 안에서 이해될 수 있도록 만든 책, 부처님의 차분하고 친절한 가르침이 담긴 책이 곧 원래의 『금강경』이었던 것이다.

번역을 끝내고 난 지금, 부처님의 가피加被를 온몸으로 느낀다.
모든 인연들에 감사한다.

2026년 3월
佛光洞에서 이정서

『금강경』 번역의 비밀

　본격적으로 『금강경』을 읽기 전에, 독자들이 알아두었으면 싶은 몇 가지를 일러두고자 한다.

　첫째, 기존의 대다수 『금강경』 해석본이나 해설서들은 해인사의 고려대장경에 포함되어 있는 구마라집의 『금강경』을 저본으로 삼지 않았다는 점이다. 구마라집의 한역본 『금강경』은 한중일 3국에서 수백 번 출판되었는데, 이 많은 판본 가운데 가장 뛰어난 최고의 판본이 바로 해인사의 고려대장경 판본이다. 시기적으로 가장 앞설 뿐만 아니라 정확성 면에서도 세계 최고로 공인된 판본이다. 세계 유수의 불교학자들이 연구의 대상으로 삼는 텍스트 역시 해인사에 보관된 바로 이 판본이다. 그런데도 기존의 해석자나 해설자들은 이를 놔두고 글자와 구절의 출입이 있는 이본異本을 저본으로 삼고 있다. 이로써 생기는 문제도 적지 않은데, 예를 들어 '則(즉)'이라는 글자를 모두 '卽(즉)'으로 바꾸어 읽고 해석함으로써 'A=B'라는 명료한 문장을 'A하고 나면 곧 B하게 된다'는 식의 엉뚱한 말로 바꾸어 놓는다. 이에 관해서는 제2부의 제5분에 나오는 해당 구절에서 조금 더 자세히 설명할 예정이다.

둘째, 구마라집이 한역한 『금강경』에는 분절分節 구분이 없었다는 사실이다. 중국 남북조시대에 이르러 위나라 황제가 "공맹孔孟의 책을 보면 모두 장과 절로 나뉘어 있는데 불경은 왜 이러한 구분이 없는가?"라는 물음에, 도안법사가 "불경도 서분, 정종분, 유통분으로 구분할 수 있다"고 답한 이후, 불교 경전도 그에 따라 분절되기 시작했다는 기록이 있다. 『금강경』 역시 그에 따라 양무제의 아들 소명태자昭明太子가 편집해 출판하면서 전체를 32개 분分으로 나누고 제목을 붙였다고 한다. 이로써 『금강경』 이해가 더 쉽고 명료해졌다고 여기는 사람들이 적지 않은데, 필자는 이로 인한 문제가 오히려 더 크다고 생각한다. 한 줄기로 물 흐르듯 읽혀야 할 법문이 중간에 나뉘고 끊긴다는 점이 가장 대표적이다. 이를 보여주기 위한 장치로 이 책의 제1부에서는 분절 구분 없이 『금강경』 전체 번역문을 있는 그대로 실었다. 다른 한편으로, 분절 구분의 전통이 이미 너무 깊이 정착되었다는 점을 반영하여 제2부에서는 기존의 분절 구분에 따라 장을 나누고 해설했다. 참고로 해인사의 고려대장경 속 『금강경』에도 분절 구분은 없다.

셋째, 필자는 한문 『금강경』을 한글로 직역하되, 일관성을 유지하는 데 중점을 두었다. 예를 들어 『금강경』의 핵심 구절로 인식되는 '응무소주應無所住 이생기심而生其心'에서 '응應' 자의 번역을 처음부터 끝까지 '응당'으로 유지했다. 요즘은 잘 쓰지 않지만, 한자어의 고유한 명령성과 응답의 구조를 살리는 말이라고 보았기 때문이다. 또 본문에는 그와 비슷한 의미로 '당當' 자가 함께 쓰이고 있기에 이를 구분하고자 했다. 많은 번역본은 이 둘을 '마땅히'로 일괄해 처리하지만, 이 때문에 『금강경』의 문장들은 쉽게 '해설의 문장'으로 변질된다. 나는 오히려 그 작고 불편한 구분을 남기고 싶었다. 『금강경』을 현대어로 편하게 만들기보다, 『금강경』이 어떻게 말하고 있는지를 그대로 드러내고 싶었던 것이다.

모든 사찰에서 독송·암송되고 수많은 번역본이 유통되고 있는 『금강경』은 우리에게 너무나 친숙한 경전이다. 그러나 『금강경』이 친숙하다는 사실이 곧 『금강경』을 잘 알고 있다는 뜻은 아니다. 우리는 흔히 『금강경』의 문장을 '읽는 것'과 『금강경』의 문장을 '아는 것'을 혼동한다. 한자어를 알아도 뜻이 명료히 잡히시 않고, 문장을 줄줄 외워도 그 말이 가리키는 바가 쉽게 마음에 와닿지 않아도, '원래 심오하고 어려운 말'이라는 한마디로 그 불편을 덮어버린다. 나 역시 그러했다. 그래서 이 작업은 『금강경』을 어렵게 만드는 것이 『금강경』 자체인지, 아니면 우리가 『금강경』을 다루는 방식인지 묻는 데서 시작되었다.

서점에 놓인 다양한 『금강경』 해석본과 해설서들을 검토해본 결과, 필자는 이 경전의 난해함이 원문 자체에서 비롯된 것이 아니라 애매한 번역과 불필요한 해설에 있다는 결론에 도달했다. 있는 그대로의 텍스트를 보여주면 끝날 일에 사족을 붙임으로써 『금강경』이 어려운 책이 되었다는 얘기다. 이렇게 번역자가 텍스트를 대신해 말하려 드는 순간부터 다양한 문제가 생긴다. 경전은 '이해'의 대상이기 전에 '문장'이고, 그 문장 안에서 의미는 스스로 드러나도록 짜여 있다. 그런데 우리는 너무 자주, 그 의미가 드러나기 전에 해설을 들이민다. 그때부터 『금강경』은 읽히지 않고 설명된다.

그래서 필자는 구마라집의 『금강경』을 해석이 가미된 '신앙의 대상'으로서가 아니라, 있는 그대로의 '텍스트'로 읽고자 했다. 해석의 기성틀에 기대어 이해하려 하기보다, 제자들이 옮겨둔 '부처님의 말씀'이 정확히 어떤 문장으로 구성되어 있는지만 살펴보려 했다. 한마디로 '직역'해 보고자 한 것이다.

따라서 기존 번역들에서 흔히 보이는 종교적 어조, 의역을 통한 과도한 순화, 편의적인 중복이나 생략을 가능한 한 배제했다. 원문의 문장 구조, 반복, 어조, 심지어 구두점 없는 운율까지 보존하려 했다. 『금강경』의 난점이 '뜻이 깊어서'만이 아니라, '문장이 보이지 않아서' 생긴다고 여겼기 때문이다. 결국 핵심은 번역의 문제였던 것이다.

제1부

바르게 읽는
금강경

『금강경』은 산스크리트어 원본에서 중국어로 번역되었는데, 각 분(分)의 분절과 제목은 후대에 덧붙여진 것으로, 원래 경문 형식에는 포함되지 않았다. 요컨대 이 분절과 제목은 독자의 편의를 위해 만들어졌다고 할 수 있다. 그러나 『금강경』은 질문과 대답이 한 줄기처럼 이어질 때 생기는 힘이 있다. 그런 점을 감안해 분제로 나뉘기 전의 원문 그대로를 한글로 번역해 앞쪽에 배치해 보았다. 선입견 없이 읽어보면 차이가 분명히 드러날 것이다. 그럼에도 개별 용어의 의미나 1:1 대응하는 원문 문장을 확인하고 싶다면 제2부에 따로 정리해 두었다.

이와 같이 나는 들었다.

한때, 부처님께서는 천이백오십 명의 대비구들과 함께 사위국 기수급고독원에 계셨다.

그때 세존께서 밥때가 되어, 가사를 갖추고 발우를 들고 사위대성 안으로 들어가 걸식하였다.

그 성안에서 차례로 걸식한 후, 본래 있던 곳으로 돌아와 식사하기를 마치고 가사와 발우를 거두고, 발을 씻은 후 방석을 펴고 앉으셨다.

이때, 장로 수보리가 대중 속에 있다가 곧 자리

에서 일어나, 오른 어깨를 드러내고 오른 무릎을 꿇은 채 합장하여 공경을 표하며 부처님께 여쭈었다.

"희유希有(희귀하고 소중)하신 세존이시여. 여래께서는 모든 보살을 잘 보호하고 기억하며, 모든 보살에게 잘 맡기어 당부하고 계십니다. 세존이시여, 선남자와 선여인이 아뇩다라삼먁삼보리심을 일으키면, 응당 어떻게 머물고, 어떻게 그 마음을 항복시킵니까?"

부처님께서 말씀하셨다.

"좋도다, 좋도다. 수보리여, 그대가 말한 바처럼, 여래는 모든 보살을 잘 보호하고 기억하며, 모든 보살들에게 잘 맡기어 당부하고 있다. 그대는 이제 새겨들어라, 마땅히 그대에게 말하리라. 선남자와 선여인이 아뇩다라삼먁삼보리심을 일으키면, 응당 이와 같이 머물고, 이와 같이 그 마음을 항복시켜야 하느니라."

"그리하겠습니다, 세존이시여. 기쁘게 듣기를 원합니다."

부처님께서 수보리에게 이르셨다.

"모든 보살마하살은 응당 이와 같이 그 마음을 항복시켜야 하느니라. '일체 중생의 종류는 알에서 난 것이든, 태에서 난 것이든, 습한 곳에서 난 것이든, 변화하여 난 것이든, 색이 있는 것이든, 색이 없는 것이든, 생각이 있는 것이든, 생각이 없는 것이든, 생각이 있는 것도 아니고 없는 것도 아닌 것이든, 나는 모두를 무여열반에 들게 하여 멸도하게 하리라.'

이와 같이 한량없고 무수하고 끝없는 중생을 멸도하되, '실로 멸도됨을 얻는 중생은 없느니라. 왜냐하면 수보리여, 만약 보살이 나라는 상我相, 사람이라는 상人相, 중생이라는 상衆生相, 수자라는 상壽者相이 있다면, 곧 보살이 아니기 때문이다."

"또한 수보리여, 보살은 응당 법에 머무는 바 없이 보시해야 하느니라. 이른바, 색色(형상)에 머물지 않고 보시하고, 소리聲, 향香, 맛味, 촉觸, 법法에 머물지 않고 보시하느니라. 수보리여, 보살은 응당 이와 같이 보시하며 상相에 머물지 않느니라. 왜냐하면 만약 보살이 상에 머물지 않고 보시하면, 그 복덕은 헤아릴 수 없기 때문이다. 수보리여, 어찌 생각하느냐, 동방東方의 허공을 헤아릴 수 있겠느냐?"

"헤아릴 수 없습니다, 세존이시여."

"수보리여, 남방, 서방, 북방, 사방四維, 상하上下의 허공을 헤아릴 수 있겠느냐?"

"헤아릴 수 없습니다, 세존이시여."

"수보리여, 보살이 상에 머무름 없이 보시한 복덕도 또한 이와 같아서 헤아릴 수 없느니라. 수보리여, 보살은 다만 응당 가르친 바와 같이 머물러야 하느니라."

"수보리여, 어떻게 생각하느냐? 여래를 몸의 상相

으로 볼 수 있겠느냐?"

"아닙니다, 세존이시여. 몸의 상으로 여래를 볼 수 없습니다. 왜냐하면 여래께서 말씀하신 바 몸의 상은 곧 몸의 상이 아니기 때문입니다."

부처님께서 수보리에게 말씀하셨다.

"무릇 상이 있는 바는 모두 허망한 것이다. 만약 모든 상이 상이 아님을 본다면, 곧 여래를 보는 것이다."

수보리가 부처님께 여쭈었다.

"세존이시여, 혹 중생이 있어 이와 같은 글귀를 듣고 진실한 믿음을 내겠습니까?"

부처님께서 수보리에게 말씀하셨다.

"그렇게 말하지 마라. 여래가 멸도한 후, 후오백세 後五百歲에 계율을 지키고 복덕을 닦는 자가 있으리니, 이 글귀를 듣고 능히 믿음의 마음을 내어 이를 진실로 삼느니라. 마땅히 알지니라. 이 사람은 한

부처, 두 부처, 세 부처, 네 부처, 다섯 부처님에게
만 선근善根을 심은 것이 아니라, 이미 무량천만無量
千萬 부처님께 여러 선근을 심었으니, 이 글귀를 듣
고, 심지어 한 생각에라도 청정한 믿음淨信을 낼 것
이다.

수보리여, 여래는 모두 알고 모두 보나니, 이 모든
중생이 이와 같은 무량한 복덕을 얻으리라. 왜냐하
면 이 모든 중생에게 다시는 나라는 상, 사람이라
는 상, 중생이라는 상, 수자라는 상이 없으며, 법法
이라는 상도 없고, 또한 비법非法이라는 상도 없기
때문이니라.

왜냐하면 이 모든 중생이 만약 마음에 상을 취
하면, 곧 나, 사람, 중생, 수자에 집착함이 되기 때
문이니라. 또한 만약 법이라는 상을 취해도, 곧 나,
사람, 중생, 수자에 집착함이 되기 때문이니라. 왜
냐하면 만약 법이 아닌 상을 취해도 곧 나, 사람, 중
생, 수자에 집착함이 되기 때문이니라. 그러므로 응

당 법을 취해서도 아니 되며, 응당 비법을 취해서도 아니 되느니라.

이 뜻으로 말미암아, 여래는 항상 말하노니, 너희 비구들이여, 내가 말하는 법이 뗏목의 비유와 같음을 알아야 하느니라. 법조차 응당 버려야 하거늘, 하물며 비법임에랴."

"수보리여, 어떻게 생각하느냐, 여래는 아뇩다라삼먁삼보리를 얻었겠느냐? 여래에게 설할 법이 있겠느냐?"

수보리가 대답했다.

"제가 부처님께서 말씀하신 법의 의미를 이해하기로는, 아뇩다라삼먁삼보리라고 이름할 정해진 법이 없고, 또한 여래께서 설할 수 있는 정해진 법도 없나이다. 왜냐하면 여래가 설한 법은 모두 취할 수 없고, 말할 수도 없으며, 법도 아니고, 법이 아닌 것도 아니기 때문입니다. 무슨 까닭인가 하면, 일체의 현성賢聖(현자와 성인)은 모두 무위법無爲法으로써 차별이 있기 때문입니다."

"수보리여, 어떻게 생각하느냐? 만약 어떤 사람이 삼천대천세계三千大千世界에 칠보七寶를 가득 채워 보시에 사용한다면, 이 사람이 얻는 복덕이 많지 않겠느냐?"

수보리가 말했다.

"매우 많습니다, 세존이시여. 왜냐하면 이 복덕은 곧 복덕의 성품(고정된 본질)이 아니므로, 여래께서 복덕이 많다 말씀하신 것입니다."

"또한 만약 어떤 사람이 이 경전 가운데서 심지어 네 구절의 게송偈頌이라도 수지受持(경전을 받아 항상 잊지 않고 머리에 새겨 가짐)하고, 이를 다른 사람을 위해 설한다면, 그 복덕은 앞의 복덕보다 낫느니라. 왜냐하면 수보리여, 모든 부처와 모든 부처의 아뇩다라삼먁삼보리법이 모두 이 경에서 나오기 때문이니

라. 수보리여, 이른바 불법佛法이라 하는 것은 곧 불법이 아니니라."

"수보리여, 어떻게 생각하느냐? 수다원이 '나는 수다원의 열매를 얻었다'라는 생각을 일으키겠느냐?"

수보리가 말했다.

"아닙니다, 세존이시여. 왜냐하면 수다원은 이름하여 '흐름에 드는 자'라 하지만, 실제로 드는 바가 없기 때문입니다. 색, 소리, 향, 맛, 촉, 법에 들지 않으니, 이것이 수다원이라 이름하는 이유입니다."

"수보리여, 어떻게 생각하느냐? 사다함은 '나는 사다함의 열매를 얻었다'라는 생각을 일으키겠느냐?"

수보리가 말했다.

"아닙니다, 세존이시여. 왜냐하면 사다함은 이름하여 '한 번 돌아오는 자'라 하지만, 실제로 오고 감은 없기 때문입니다. 이것이 사다함이라 이름하는 이유입니다."

"수보리여, 어떻게 생각하느냐? 아나함은 '나는 아나함의 열매를 얻었다'라는 생각을 일으키겠느냐?"

수보리가 말했다.

"아닙니다, 세존이시여. 왜냐하면 아나함은 이름 하여 '더이상 돌아오지 않는 자'라 하지만, 실로 돌아오지 않는 것은 없기 때문입니다. 이것이 아나함이라 이름하는 이유입니다."

"수보리여, 어떻게 생각하느냐? 아라한은 '나는 아라한의 도를 얻었다'라는 생각을 일으키겠느냐?"

수보리가 말했다.

"아닙니다, 세존이시여. 왜냐하면 실제로 아라한 법이라 이름할 것이 없기 때문입니다. 세존이시여, 만약 아라한이 '나는 아라한의 도를 얻었다'라는 생각을 일으킨다면, 곧 아상, 인상, 중생상, 수자상에 집착하는 것입니다. 세존이시여, 부처님께서 제게 말씀하시기를, '무쟁삼매無諍三昧(논쟁이나 다툼이 없는 삼매의 상태)를 얻은 사람 중 가장 제일이고, 욕망을 여읜 제일 아라한'이라고 하셨습니다.

세존이시여, 저는 '나는 욕망을 떠난 아라한이다'라는 생각을 일으키지 않습니다. 세존이시여, 제가 만약 '나는 아라한의 도를 얻었다'라는 생각을 일으켰다면, 세존께서는 즉 수보리를 '아란나의 행을 즐기는 사람'이라 말씀하지 않았을 것입니다. 수보리는 실로 행하는 바가 없었기에 수보리라 이름 한 것이며, 이는 아란나의 행(고요한 숲에서의 수행)을 즐기는 것이기 때문입니다."

부처님께서 수보리에게 말씀하셨다.

"어찌 생각하느냐? 여래가 옛적에 연등부처님燃燈佛 처소에 있을 때 법에서 얻은 바가 있었느냐?"

"아닙니다, 세존이시여. 여래께서 연등부처님 처소에 있을 적에, 법에서 실로 얻은 바는 없습니다."

"수보리여, 어찌 생각하느냐? 보살이 불국토佛土

(부처가 머무는 청정한 세계)를 장엄莊嚴(공덕으로 꾸밈)하느냐?"

"아닙니다, 세존이시여. 왜냐하면 불국토를 장엄하는 것은 곧 장엄이 아니며, 장엄이라 이름하는 것입니다."

"그러므로 수보리여, 모든 보살마하살菩薩摩訶薩(위대한 보살)들은 응당 이와 같이 청정심清淨心(집착 없는 순수한 마음)을 내야 하느니라. 응당 색色(형상)에 머무는 마음을 내어서는 아니 되고, 응당 소리, 냄새, 맛, 감촉, 법(마음의 대상)에 머무는 마음을 내어서는 아니 되며, 응당 머무는 바 없이 그 마음을 내야 하느니라.

수보리야, 비유하건대, 어떤 사람이 있어 몸이 수미산왕須彌山王(우주의 중심 산)과 같다고 하면, 어떻게 생각하느냐? 그 몸이 크다 하겠느냐?"

수보리가 대답했다.

"매우 큽니다, 세존이시여. 왜냐하면 부처님께서

몸이 아님을 '큰 몸'이라 이름하셨기 때문입니다."

"수보리여, 항하恒河(갠지스강)에 있는 모든 모래의
수만큼, 그러한 모래의 수와 같은 항하가 있다면,
어찌 생각하느냐? 이 모든 항하의 모래가 과연 많
다 하겠느냐?"

수보리가 말했다.

"매우 많습니다, 세존이시여. 단지 모든 항하만
으로도 이미 셀 수 없이 많은데, 하물며 그 모래의
수라면 더 말할 것이 있겠습니까."

"수보리여, 내가 지금 진실한 말로 네게 이르노
니, 만약 선남자와 선여인이 있어, 칠보로 그 모든
항하의 모래 수만큼의 삼천대천세계를 가득 채워
보시한다면, 그 얻는 복덕이 많지 않겠느냐?"

수보리가 말했다.

"매우 많습니다, 세존이시여."

부처님께서 수보리에게 이르셨다.

"만약 선남자와 선여인이 있어, 이 경전 가운데 심지어 사구게라도 받아 지니고, 다른 사람을 위해 설한다면, 그 복덕은 앞의 복덕보다 나으리라."

"다시 말하자면 수보리여, 이 경전을 따라 설하되, 심지어 사구게라도 설한다면, 마땅히 알지니라, 그곳은 온 세상의 천신天神과 인간, 아수라阿修羅 모두가 응당 공양할 곳이니, 마치 부처님의 탑묘塔廟를 공양하듯 하리라.

하물며 어떤 사람이 이 경을 온전히 받아 지니며 독송까지 한다면, 더 말해 무엇하겠느냐. 수보리여, 마땅히 알지니라. 이 사람이 최상 제일의 흔치 않은 법을 성취하느니라. 이 경전이 있는 곳이 곧 부처님이 있는 곳이며, 또한 존중받는 제자가 머무는 곳이니라."

그때 수보리가 부처님께 여쭈었다.

"세존이시여, 이 경의 이름은 마땅히 무엇이라 하며, 저희는 어떻게 받들어 지녀야 하겠나이까?"

부처님께서 수보리에게 이르셨다.

"이 경의 이름을 금강반야바라밀金剛般若波羅蜜이라 하니, 이 이름으로써 그대는 마땅히 받들어 지녀라. 그 까닭이 무엇인가? 수보리여, 부처가 말하는 반야바라밀은 곧 반야바라밀이 아니기 때문이니라. 수보리여, 어떻게 생각하느냐? 여래가 법을 말한 바가 있느냐?"

수보리가 부처님께 말했다.

"세존이시여, 여래는 법을 말한 바가 없습니다."

"수보리여, 어찌 생각하느냐? 삼천대천세계에 있는 모든 미진微塵은 많다 할 수 있겠느냐?"

수보리가 대답했다.

"매우 많습니다, 세존이시여."

"수보리여, 모든 미진은, 여래가 설하되, 미진이 아니라 그 이름이 미진이니라. 여래가 설하노니, 세계는 세계가 아니라 그 이름이 세계이니라.

수보리여, 어떻게 생각하느냐? 삼십이상三十二相 (신체적 특징)으로 여래를 볼 수 있겠느냐?"

"볼 수 없습니다, 세존이시여. 삼십이상으로 여래를 볼 수는 없나이다. 왜냐하면 여래께서 말씀하시는 '삼십이상'은 곧 상이 아니며, 그 이름이 '삼십이상'이기 때문입니다."

"수보리여, 만약 선남자와 선여인이 있어, 항하의 모래 수만큼 몸과 목숨을 보시하더라도, 다시 어떤 사람이 이 경전 가운데에서, 심지어 사구게라도 받아 지니고 다른 사람을 위해 설한다면, 그 복덕이 심히 더 크리라."

그때 수보리는 이 경에 대한 말씀을 듣고, 그 뜻과 이치를 깊이 깨달아, 눈물을 흘리고 슬피 울며 부처님께 아뢰었다.

"희유하신 세존이시여! 부처님께서 이 같은 매우

깊은 경전을 말씀하셨나이다. 저는 예로부터 얻은 지혜의 눈으로도, 일찍이 이 같은 경을 들어본 적이 없었나이다.

세존이시여, 만일 어떤 사람이 또한 이 경을 듣고 진실하고 맑은 믿음을 가진다면, 곧 실상實相(참된 진리)을 낸다면, 마땅히 이 사람이 제일 희유한 공덕을 성취했음을 알겠나이다. 세존이시여, 이 실상이란 곧 상相이 아닌 것이므로, 여래께서는 이를 이름하여 실상이라 말씀하셨나이다.

세존이시여, 제가 지금 이와 같은 경을 듣고 믿고 이해하며 받아 지니기는 어렵지 않으나, 만약 마땅히 이후 오백세五百歲(부처 열반 후 오백 년 뒤 말법의 시기)에 어떤 중생이 있어 이 경을 듣고 믿고 이해하여 받아 지닌다면, 그 사람이 곧 제일의 흔치 않은 존재입니다. 왜냐하면 이 사람은 아상이 없고, 인상이 없고, 중생상이 없고, 수자상이 없기 때문입니다. 무엇 때문인가 하면, 아상이 곧 상이 아니고,

인상·중생상·수자상이 곧 상이 아니기 때문입니다. 왜냐하면 일체의 모든 상을 떠나면 곧 그 이름이 부처이기 때문입니다."

부처님이 수보리에게 이르셨다.

"바로 그렇다. 만약 다시 어떤 사람이 이 경을 듣고 놀라지 않고, 겁내지 않고, 두려워하지 않는다면, 마땅히 알지니, 그 사람은 참으로 희유하다. 왜냐하면 수보리여, 여래가 제일바라밀이라 말하는 것이 곧 제일바라밀이어서가 아니라, 그 이름이 제일바라밀이기 때문이니라. 수보리여, 인욕바라밀忍辱波羅蜜이란, 여래가 말하노니, 그것은 인욕바라밀이 아니라, 다만 그 이름이 인욕바라밀이라 하느니라. 왜냐하면 수보리여, 내가 옛적 가리왕에게 당하여 몸이 난도질 당했을 때, 나는 그때 아상이 없고, 인상이 없고, 중생상이 없고, 수자상이 없었느니라.

왜냐하면 내가 옛적에 사지가 하나하나 잘릴 때,

만약 내게 아상, 인상, 중생상, 수자상이 있었다면 응당 성내고 원망하였을 것이기 때문이다. 수보리여, 또한 과거를 생각해 보건대, 내가 오백 생에 걸쳐 인욕을 닦는 수행자로 있었느니라. 그때 그 모든 생에서 나는 아상이 없고, 인상이 없고, 중생상, 수자상이 없었느니라.

그러므로 수보리여, 보살은 응당 일체의 상을 떠나, 아뇩다라삼먁삼보리심을 발해야 하느니라. 응당 색에 머물러 마음을 내지 말고, 소리·향·맛·촉·법에 머무는 마음을 내지 말고, 응당 머무는 바 없는 마음을 내야 하느니라. 만약 마음에 머무름이 있으면, 곧 머무름이 아닌 것이 된다.

그러므로 부처는 말한다. 보살의 마음은 응당 색에 머물러 보시하지 않느니라.

수보리여, 보살은 일체 중생의 이익을 위하여 응당 이와 같이 보시하느니라. 여래가 일체의 모든 상을 말하는 것은 곧 상이 아니며, 또한 일체 중생을 말하는 것도 곧 중생이 아니니라. 수보리여, 여래는 참된 말을 하는 자이고, 진실한 말을 하는 자이며, 그대로의 진리를 말하는 자이고, 거짓된 말을 하지 않는 자이며, 다른 말을 하지 않는 자이니라.

수보리여, 여래가 얻은 이 법은 진실됨도 없고 거짓됨도 없느니라.

수보리여, 만약 보살의 마음이 법에 머물러 보시를 행한다면, 이는 마치 사람이 어둠 속에 들어 곧 아무것도 볼 수 없는 것과 같은 것이니라. 만약 보살의 마음이 법에 머물지 않고 보시를 행한다면, 이는 마치 눈을 가진 사람이 밝은 태양 아래에서 각종의 색을 보는 것과 같으니라.

수보리여, 장래의 세상에서, 만약 어떤 선남자 선여인이 있어 능히 이 경을 받아 지니고 독송한다면, 곧 여래가 부처의 지혜로 그 사람을 전부 알고, 그 사람을 전부 보니, 그들은 모두 한량없고 끝없는 공덕을 성취하느니라."

"수보리여, 만일 어떤 선남자와 선여인이 아침에 항하의 모래만큼 몸을 보시하고, 한낮에도 다시 항하의 모래만큼 몸을 보시하며, 저녁에도 역시 항하의 모래만큼 몸을 보시하여, 이와 같이 헤아릴 수 없는 백천만억겁 동안 보시한다고 하더라도, 만약 다시 어떤 사람이 있어 이 경전을 듣고, 믿는 마음이 거스르지 않는다면, 그 복덕은 저 앞의 복덕보다 더 뛰어나리라. 하물며 이를 글로 써서, 받아 지니고, 읽고 외우며, 사람을 위하여 풀이해서 설해 준다면 어떠하겠느냐.

수보리여, 요컨대 이 경전은 일일이 칭하고 헤아릴 수도 없는 한없는 공덕이 있느니라. 여래는 대승 大乘을 발한 자를 위해 설하고 최상승을 발심한 자를 위해 설하느니라.

만일 어떤 사람이 능히 이 경전을 받아 지니고, 읽고 외우며, 널리 사람들을 위해 설한다면, 여래는 그 사람을 전부 알고, 그 사람을 전부 보나니,

그들 모두 한량없고 셀 수 없는, 끝이 없고 불가사의한 공덕을 성취하게 되느니라. 이 같은 사람들은 곧 여래의 아뇩다라삼먁삼보리를 짊어지는 자들이니라.

왜냐하면 수보리여, 만일 작은 법을 즐기는 자가 아견我見, 인견人見, 중생견衆生見, 수자견壽者見에 집착하면, 곧 이 경전을 듣고 받아들여 독송하고 사람을 위해 해설할 수 없느니라.

수보리여, 곳곳마다 만일 이 경전이 있는 곳이 있다면, 일체 세간의 천신과 인간과 아수라가 응당 공양해야 한다. 마땅히 알아야 하느니라. 이곳이 곧 탑이 됨이니, 모두 응당 공경하여 예를 올리고, 둘러 돌며 온갖 꽃과 향을 그곳에 흩뿌리리라."

"또한 수보리여, 선남자 선여인이 이 경전을 수지하고 독송하는데, 만약 남에게 경멸과 천대를 받는다면, 이 사람은 전생의 죄업으로 인해 응당 악도惡

道(지옥·아귀·축생의 세계)에 떨어질 것이지만, 금세에 사람들이 경멸하고 천대하는 까닭으로 전생의 죄업이 곧 소멸되고, 마땅히 아뇩다라삼먁삼보리를 얻는 것이니라.

수보리여, 내가 과거를 떠올려 보면 한량없는 헤아릴 수 없는 긴 시간에, 연등부처님 이전에, 팔백사천만억 헤아릴 수 없는 수의 부처님을 만나 뵈었으며, 그 모든 부처님께 공양하고 섬기며, 헛되이 지나친 적이 없었느니라.

만약 다시 어떤 사람이 장차 말세에 능히 받아 지니고 독송하여, 이 경에서 얻는 공덕이 있다면, 내가 과거 모든 부처님께 공양하여 얻은 공덕은, 그 공덕의 백 분의 일에도 미치지 못하며, 천만억 분의 일에도 미치지 못하거니와 심지어 셈하거나 비유로도 능히 미칠 수 없는 것이다.

수보리여, 만약 선남자와 선여인이 장차 말세에 이 경을 받아 지니고 독송하여 얻는 공덕을 내가 만약 온전히 설한다면, 혹 어떤 사람은 듣고서 마음이 곧 미쳐 어지러워지고, 의심하여 믿지 않으리라. 수보리여, 마땅히 알지니, 이 경의 뜻은 불가사의하고, 그 과보 또한 불가사의하니라."

그때 수보리가 부처님께 여쭈었다.
"세존이시여, 선남자 선여인이 아뇩다라삼먁삼보리심을 발하면 어떻게 응당 머물며, 어떻게 그 마음을 항복시키나이까?"
부처님께서 수보리에게 이르셨다.
"만약 선남자와 선여인이 아뇩다라삼먁삼보리심을 발하면, 마땅히 이와 같은 마음을 내느니라.
'나는 응당 일체의 중생을 멸도하리라.' 그러나 일체 중생을 멸도한 뒤에도, 실로 멸도된 중생은 없느니라. 왜냐하면 수보리여, 만약 보살이 나라는 상, 사람이라는 상, 중생이라는 상, 수자라는 상을 지니면 곧 보살이 아니기 때문이다. 무엇 때문인가

하면, 수보리여, 실로 어떤 법이 있어 아뇩다라삼
먁삼보리심을 발하는 것이 아니기 때문이다.

수보리여, 어떻게 생각하느냐? 여래가 연등부처
님 앞에서 아뇩다라삼먁삼보리법을 얻은 것이 있
겠느냐?"

"아닙니다, 세존이시여! 제가 부처님 말씀을 이해
한 바로는, 부처님께서 연등부처님 앞에서 아뇩다
라삼먁삼보리법을 얻은 것은 없나이다."

부처님이 말씀하셨다.

"바로 그렇다. 수보리여, 실제로 여래가 아뇩다
라삼먁삼보리법을 얻은 것은 없다. 수보리여, 만약
여래가 아뇩다라삼먁삼보리법을 얻은 것이 있다
면, 연등부처님께서 곧 내게 '그대는 내세에 마땅
히 부처를 이루리니 그 이름을 석가모니라 하리라'
하는 수기를 주지 않으셨을 것이다. 실제로 아뇩
다라삼먁삼보리를 얻는 법은 없다. 그런 까닭에 연
등부처님께서는 내게 수기를 주시고 이와 같이 말

쓴하신 것이다. '그대는 내세에 마땅히 부처가 되리니 이름을 석가모니라 하리라.' 왜냐하면 여래란 곧 모든 법의 여如(있는 그대로의 그러함)라는 뜻이기 때문이다.

만약 어떤 사람이, 여래가 아뇩다라삼먁삼보리를 얻었다고 말한다면, 수보리여, 실로 법이라는 것이 있어 부처가 아뇩다라삼먁삼보리를 얻은 것이 아니니라.

수보리여, 여래가 얻은 아뇩다라삼먁삼보리는, 그 가운데 실체도 없고 헛됨도 없느니라. 그런고로 여래가 말하노니, 일체의 법이 모두 불법佛法이니라. 수보리여, 이른바 일체법이라 하는 것은 곧 일체법이 아닌 것이다. 그런고로 이름하여 일체법인 것이다.

수보리여, 비유하자면 사람의 몸이 크고 길다고 하는 것과 같다."

수보리가 말했다.

"세존이시여, 여래께서 말씀하신 '사람의 몸이 크고 길다'는 것은 곧 큰 몸이 아니니, 이름하여 큰 몸이라 한 것입니다."

"수보리여, 보살도 또한 이와 같다. 만약 이와 같이, '나는 마땅히 무량 중생을 멸도하리라'라고 말한다면, 곧 보살이라 이름할 수 없느니라. 왜냐하면 수보리여, 실로 법이라는 것이 있어 그것을 '보살'이라 이름할 수 있는 것이 아니기 때문이니라.

그런 이유로 여래가 말하노니, 일체의 법은 나我가 없고, 사람人이 없고, 중생衆生이 없고, 수자壽者가 없는 것이다.

수보리여, 만약 보살이 이와 같이, '나는 마땅히 불국토를 장엄하리라'라는 말을 한다면, 곧 보살이라 이름할 수 없느니라. 왜냐하면 여래는 말하노니, 불국토를 장엄한다는 것은 곧 장엄한다는 것이 아니라 이름하여 '장엄한다'는 것이다.

수보리여, 만약 보살이 무아無我의 법을 통달한

자라면, 여래가 말하노니, 이름하여 참으로 그가
보살이니라."

"수보리여, 어떻게 생각하느냐? 여래에게 육안肉
眼이 있느냐?"

"그렇습니다, 세존이시여. 여래에게 육안이 있습
니다."

"수보리여, 어찌 생각하느냐? 여래에게 천안天眼
이 있느냐?"

"그렇습니다, 세존이시여. 여래에게 천안이 있습
니다."

"수보리여, 어찌 생각하느냐? 여래에게 혜안慧眼
이 있 느냐?"

"그렇습니다, 세존이시여. 여래에게 혜안이 있습
니다."

"수보리여, 어찌 생각하느냐? 여래에게 법안法眼
이 있 느냐?"

"그렇습니다, 세존이시여. 여래에게 법안이 있습니다."

"수보리여, 어찌 생각하느냐? 여래에게 불안佛眼이 있느냐?"

"그렇습니다, 세존이시여. 여래에게 불안이 있습니다."

"수보리여, 어찌 생각하느냐? 항하 속에 있는 모든 모래를 두고, 여래가 이를 모래라 한 것이냐?"

"그렇습니다, 세존이시여. 여래께서는 이를 모래라 말씀하셨나이다."

"수보리여, 어찌 생각하느냐? 하나의 항하 속에 있는 모든 모래와 같이 그러한 모래의 수만큼의 항하가 있다고 하자. 이러한 모든 항하에 있는 모래의 수와 같은 불세계佛世界가 있다면, 이것은 많다고 할 수 있겠느냐?"

"매우 많습니다, 세존이시여."

부처님께서 수보리에게 이르셨다.

"그만큼의 국토 가운데, 그 안에 있는 모든 중생의 갖가지 마음을 여래는 전부 아느니라. 왜냐하면 여래가 말하노니, 온갖 마음은 마음이 아니며, 그것을 이름하여 마음이라 하기 때문이다. 그 까닭은 무엇인가? 수보리여, 과거의 마음은 얻을 수 없고, 현재의 마음도 얻을 수 없고, 미래의 마음도 얻을 수 없기 때문이다."

"수보리여, 어떻게 생각하느냐? 만약 어떤 사람이 삼천대천세계에 칠보를 가득 채워 보시에 사용한다면, 이 사람은 이 인연으로 많은 복덕을 얻겠느냐?"

"그렇습니다, 세존이시여. 그 사람은 그 인연으로 매우 많은 복덕을 얻을 것입니다."

"수보리여, 만약 복덕에 실체가 있다면, 여래는 많은 복덕을 얻는다고 말하지 않았을 것이다. 복덕은 실체가 없기 때문에, 여래가 복덕을 많이 얻는다고 말한 것이다."

"수보리여, 어떻게 생각하느냐? 부처를 구족색신 具足色身(갖추어진 색신, 곧 형상으로 드러난 몸)으로 볼 수 있 겠느냐?"

"아닙니다, 세존이시여. 여래는 응당 구족색신으 로 보아서는 안 됩니다. 왜냐하면 여래가 말하는 구족색신은 곧 구족색신이 아니라, 그것을 이름하 여 구족색신이라 하기 때문입니다."

"수보리여, 어찌 생각하느냐? 여래를 모든 상을 완전히 갖춘 존재로 볼 수 있겠느냐?"

"아닙니다, 세존이시여. 여래는 응당 모든 상을 갖춘 존재로서 볼 수는 없습니다. 왜냐하면 여래께 서 말씀하시는 '제상구족諸相具足'이란 곧 완전히 갖 추었다는 것이 아니라, 그것을 이름하여 '제상구족' 이라 하는 것입니다."

"수보리여, 그대는 여래가 '나는 마땅히 법을 설한 바 있다' 여긴다고 말하지 마라.

그런 생각도 하지 마라. 왜냐하면 만약 어떤 사람이 여래가 법을 설한 바 있다고 한다면, 곧 부처를 비방하는 것으로, 내가 말한 바를 이해하지 못한 것이기 때문이다.

수보리여, 설법이라 해도 설할 수 있는 법은 없으니, 그 이름이 설법일 뿐인 것이다."

그때, 혜명慧命 수보리가 부처님께 여쭈었다.

"세존이시여, 혹 중생이 있어 미래세에 이러한 법에 대해 설하심을 듣고, 믿는 마음이 생기겠습니까?"

부처님이 말씀하셨다.

"수보리여, 그는 중생이 아니며, 중생이 아닌 것도 아니다. 왜냐하면 수보리여, 중생 중생이라 하지만 여래가 말하는 중생은 중생이 아니다. 중생이라 이름하는 것이다."

수보리가 부처님께 여쭈었다.

"세존이시여, 부처님께서 아눅다라삼막삼보리를 얻으신 것도, 얻은 바가 없는 것입니까?"

부처님께서 말씀하셨다.

"바로 그렇다, 수보리여. 나는 아눅다라삼막삼보리로부터 심지어 작은 법조차 얻은 바 없다. 아눅다라삼막삼보리라 이름할 뿐이다."

"또한 수보리여, 이 법은 평등하여 높은 것도 낮은 것도 없기에, 그 이름이 아눅다라삼막삼보리인 것이다. 내가 없고, 사람이 없고, 중생이 없고, 수명이 없다는 그러한 상태에서 모든 선법을 닦으면, 곧 아눅다라삼막삼보리를 얻는 것이다.

수보리여, 이른바 선법이라는 것은, 여래가 설하노니, 곧 선법이 아니라 선법이라 이름하는 것뿐이다."

"수보리여, 만약 삼천대천세계 안에 있는 모든 수

미산왕과 이와 같은 종류의 칠보 더미를 어떤 사람이 보시에 사용한다고 해도, 만약 이 반야바라밀경으로 심지어 네 구절의 게송이라도 받아 지니고, 읽고, 외우고 남을 위해 설한다면 앞의 복덕은 백 분의 일에도 미치지 못하며, 백천만억 분의 일에도 미치지 못하고, 심지어 계산이나 비유로도 미칠 수 없는 것이다."

"수보리여, 어떻게 생각하느냐? 그대들은 여래가 '나는 마땅히 중생을 제도하리라' 하는 이러한 생각을 갖는다고 여기지 마라.

수보리여, 그런 생각을 갖지 말아라. 왜냐하면 실제로 여래가 제도하는 중생은 없기 때문이다. 만약 어떤 중생을 여래가 제도하는 것이 있다면, 여래에게는 곧 아·인·중생·수자가 있는 것이다."

수보리여, 여래가 설하는 자아가 있다는 것은 곧 자아가 있다는 게 아니다. 그러나 범부들은 자아가 있다고 여긴다.

수보리여, 범부라는 것은, 여래가 설하기를 곧 범부가 아니며, 그 이름이 범부일 뿐이다."

"수보리여, 어떻게 생각하느냐? 서른두 가지 상으로 여래를 볼 수 있겠느냐?"

수보리가 대답하였다.

"그렇습니다, 그렇습니다. 서른두 가지 상으로 여래를 볼 수 있습니다."

부처님께서 말씀하셨다.

"수보리여, 서른두 가지 상으로 여래를 볼 수 있다면 전륜성왕도 여래라 할 것이다."

수보리가 부처님께 아뢰었다.

"세존이시여, 제가 부처님의 말씀 뜻을 헤아려 보니, 응당 서른두 가지 상으로 여래를 볼 수는 없습니다."

그때, 세존께서 게송으로 말씀하셨다.

"색으로 나를 보려 하고 음성으로 나를 구하려 하면, 이 사람은 사도邪道를 행하니 여래를 볼 수 없으리."

"수보리여, 그대가 만약 '여래는 구족상具足相(완전하게 갖춘 상)으로 말미암아 아뇩다라삼먁삼보리를 얻은 것이 아니다'라는 생각을 한다면, 수보리여, 그런 생각을 하지 마라. 여래는 구족상으로 말미암아 아뇩다라삼먁삼보리를 얻은 것이 아니다.

수보리여, 그대가 만약 '아뇩다라삼먁삼보리심을 발하는 자는 모든 법의 단멸상斷滅相(끊어져 완전히 사라짐)을 설하는구나'라고 생각한다면, 그런 생각도 하지 마라. 왜냐하면 아뇩다라삼먁삼보리심을 발하는 자는 법에 대하여 단멸상을 말하지 않기 때문이다."

"수보리여, 만약 보살이 항하의 모래와 같은 수의

세계에 가득한 칠보로써 보시한다면, 만약 다시 어떤 사람이 일체 법이 무아임을 알고 인忍을 성취한다면, 이 보살은 앞선 보살이 얻은 바 공덕을 능가하리라. 왜냐하면 수보리여, 모든 보살은 복덕을 받지 않기 때문이다."

수보리가 부처님께 여쭈었다.

"세존이시여, 어찌 보살은 복덕을 받지 않습니까?"

"수보리여, 보살은 지은 복덕에 응당 탐착貪着(탐하고 집착하다)하지 않느니라. 이 때문에 복덕을 받지 않는다고 말하는 것이다."

"수보리여, 만약 어떤 사람이 '여래는 오기도 하고, 가기도 하고, 앉기도 하고, 눕기도 한다'고 말한다면, 이 사람은 내가 말한 바 뜻을 이해하지 못한 것이다.

왜냐하면 여래란 어디로부터 온 바도 없고 역시

어디로 간 바도 없으니, 그런 이유로 여래라 이름하는 것이다."

"수보리여, 만약 선남자와 선여인이 삼천대천세계를 부수어 미세한 티끌로 만든다면, 어떻게 생각하느냐? 이 미진중微塵衆(미세한 티끌의 무리)이 많지 않겠느냐?"

수보리가 답했다.

"매우 많습니다, 세존이시여. 왜냐하면 만약 이 미진중이 실제로 있는 것이라면, 부처님께서는 곧 이를 미진중이라 말씀하지 않았을 것입니다. 무엇 때문인가 하면 부처님께서는 미진중을 말씀하셨지만, 곧 미진중이 아니며, 이름이 미진중이기 때문입니다.

세존이시여, 여래께서 말씀하신 바 삼천대천세계 또한 세계가 아니며, 이름이 세계입니다. 왜냐하면 만약 세계가 실제로 있다면 곧 그것이 일합상─

合相(하나로 합쳐진 상)이니, 여래께서 말씀하시는 일합상은 곧 일합상이 아니며, 이름이 일합상일 뿐입니다."

"수보리여, 일합상이란 곧 말할 수 없는 것이며, 다만 범부의 사람이 그 일에 탐착하는 것이니라."

"수보리여, 만약 어떤 사람이 '부처가 아견, 인견, 중생견, 수자견을 설했다'고 말한다면, 수보리여, 어떻게 생각하느냐? 그 사람은 내가 설한 바의 의미를 이해한 것이냐?"

"아닙니다, 세존이시여. 그 사람은 여래께서 설한 바의 의미를 이해하지 못한 것입니다. 왜냐하면 세존께서 설하신 아견, 인견, 중생견, 수자견은 곧 아견, 인견, 중생견, 수자견이 아니고, 그것을 이름하여 아견, 인견, 중생견, 수자견이라 하는 것입니다."

"수보리여, 아뇩다라삼먁삼보리심을 발한 자는 일체 법에 대하여 응당 이와 같이 알고, 이와 같이 보고, 이와 같이 믿고 이해하여, 법상을 내지 말아야 하느니라.

수보리여, 이른바 법상이란 여래가 말하노니 곧 법상이 아니며, 그것을 이름하여 법상이라 하는 것이다."

"수보리여, 만약 어떤 사람이 한량없는 아승지 세계에 가득한 칠보를 가지고 보시한다 하더라도, 만약 선남자 선여인이 보살심을 발하여 이 경을 지니되, 심지어 사구게만이라도 받아 지니고 읽고 외우며, 사람을 위하여 연설한다면, 그 복이 저보다 뛰어나리라. 어떻게 하는 것이 남을 위해 설하는 것인가? 상을 취하지 않고, 여여如如(있는 그대로 그러함)하여 흔들리지 않는 것이다. 왜냐하면 일체의 유위법有爲法은 꿈과 같고 환영과 같고, 물거품과 같고 그림자와 같으며, 이슬과 같고 또한 번개와 같으니, 응당 이와 같이 볼지니라."

부처님께서 이 경을 설하신 뒤에 장로 수보리와 여러 비구, 비구니, 우바새, 우바이와 일체 세간의 천신과 사람과 아수라가 부처님께서 설하신 것을 듣고, 모두 크게 기뻐하며 믿고 받아 지니며 받들어 행하였다.

『금강경』혹은『금강반야경』등으로 약칭되는『금강반야바라밀경(金剛般若波羅蜜經)』은 구마라집이 서기 401년 무렵 장안(長安)의 소요원(逍遙園)에 있을 때 최초로 한역한 불경이다. 구마라집 이후 진제(真諦)나 보리류지(菩提流支) 등에 의한 다수의 한역『금강경』이 추가로 나왔지만, 구마라집의『금강경』이 가장 널리, 그리고 오래 읽혀왔다. 당연히 한중일 3국에서 다수의 구마라집『금강경』이 출판되었는데, 가장 유명한 것이 우리나라 해인사에 있는 '팔만대장경' 판본이다. 시기적으로 가장 오래된 것이자 내용의 정확성 면에서도 학자들의 공인을 받은 판본이다. 이 판본의 원본 이미지는 불교기록문화유산아카이브(kabc.dongguk.edu)에서 누구나 확인할 수 있다.

본서는 바로 이 해인사의 고려대장경 속에 있는 구마라집의『금강경』을 저본으로 삼았다. 여기에는 분절의 구분이 없는데, 32분(分)으로 나누어 읽는 오랜 전통을 참작하여 이 책에서도 나누어 번역하고 정리했다.

제2부

원전대로 읽는
금강경

法會因由分 第一
법회인유분 제일

如是我聞
여시아문

一時 佛在舍衛國祇樹給孤獨園 與大比丘衆
일시 불재사위국기수급고독원 여대비구중

千二百五十人俱
천이백오십인구

爾時 世尊 食時 着衣持鉢 入舍衛大城乞食
이시 세존 식시 착의지발 입사위대성걸식

於其城中 次第乞已 還至本處 飯食訖 收衣鉢
어기성중 차제걸이 환지본처 반사흘 수의발

洗足已 敷座而坐
세족이 부좌이좌

법회가 열리게 된 연유[1]

이와 같이 나는 들었다如是我聞.[2]

한때一時, 부처님께서는 천이백오십 명의 대비구들大比丘衆과 함께 사위국舍衛國 기수급고독원祇樹給孤獨園에 계셨다.

그때爾時[3] 세존께서 밥때食時가 되어, 가사를 갖추고 발우를 들고着衣持鉢 사위[4]대성 안으로 들어가 걸식乞食하였다.

그 성안에서 차례로 걸식한 후次第乞已, 본래 있던 곳으로 돌아와還至本處 식사하기를 마치고飯食訖 가사와 발우를 거두고收衣鉢, 발을 씻은 후洗足已 방석을 펴고 앉으셨다敷座而坐.

1 『금강경』은 산스크리트어 원본에서 중국어로 번역되었는데, 각 분(分)의 제목은 대체로 후대에 덧붙여진 것으로, 원래 경문에는 없었다.

2 여시아문(如是我聞)은 문자 그대로 하면, '이와 같이 나는 들었다'이다. 제자들이 훗날, 석가모니로부터 들은 내용을 전하는 것이라는 점에서 이와 같은 기술로 시작한다. 여기서의 나(我)는 다문제일(多聞第一) '아난다'를 가리킨다고 보는 설이 유력하다. 부처님의 설법을 가장 많이 들었던 사람인 아난다는, 부처님이 55세 되던 해부터 시봉하였다.

3 그때(爾時, 尒時): '이때, 그때'를 의미하는 '이시'를 고려대장경은 '尒時'로 표기하고 있다. 尒와 爾는 음과 훈이 모두 '너 이'로 같은 글자이다. 尒는 오늘날 거의 사용하지 않는 글자이며, 이 책에서도 모두 통용되는 '爾'로 표기한다.

4 사위(舍衛)는 인도 교살라국(憍薩羅國)의 도성(都城)이다. 석가가 살았을 때는 바사의왕·비유리왕이 살았고, 성 남쪽에는 기원정사(祇園精舍)가 있었다. 석가가 25년간 설법, 교화(敎化)하였다는 곳이다.

善現起請分 第二
선 현 기 청 분 제 이

時　長老須菩提　在大衆中　則從座起　偏袒右
시　장 로 수 보 리　재 대 중 중　즉 종 좌 기　편 단 우

肩　右膝著地　合掌恭敬　而白佛言
견　우 슬 착 지　합 장 공 경　이 백 불 언

希有　世尊　如來善護念諸菩薩　善付囑諸菩薩
희 유　세 존　여 래 선 호 념 제 보 살　선 부 촉 제 보 살

世尊　善男子善女人　發阿耨多羅三藐三菩提
세 존　선 남 자 선 여 인　발 아 뇩 다 라 삼 막 삼 보 리

心　應云何住　云何降伏其心
심　응 운 하 주　운 하 항 복 기 심

2

선현(수보리)이 가르침을 청하다[1]

이때時, 장로長老 수보리須菩提[2]가 대중大衆[3] 속에 있다가 곧 자리에서 일어나則從座起, 오른 어깨를 드러내고偏袒右肩[4] 오른 무릎을 꿇은 채右膝著地[5] 합장하여 공경을合掌恭敬 표하며 부처님께 여쭈었다而白佛言.

"희유希有하신 세존世尊이시여. 여래如來께서는 모든 보살諸菩薩을 잘 보호하고 기억하며善護念, 모든 보살에게 잘 맡기어 당부하고 계십니다善付囑. 세존이시여, 선남자와 선여인善男子善女人이 아뇩다라삼먁삼보리심發阿耨多羅三藐三菩提心[6]을 일으키면, 응당 어떻게 머물고應云何住[7], 어떻게 그 마음을 항복시킵니까云何降伏其心?"

佛言
불언

善哉善哉 須菩提 如汝所說 如來善護念
선재선재 수보리 여여소설 여래선호념

諸菩薩 善付囑諸菩薩 汝今諦聽 當爲汝說
제보살 선부촉제보살 여금체청 당위여설

善男子善女人 發阿耨多羅三藐三菩提心 應
선남자선여인 발아뇩다라삼먁삼보리심 응

如是住 如是降伏其心
여시주 여시항복기심

唯然 世尊 願樂欲聞
유연 세존 원요욕문

부처님께서 말씀하셨다佛言.

"좋도다, 좋도다善哉善哉. 수보리여, 그대가 말한 바처럼
如汝所說, 여래는 모든 보살을 잘 보호하고 기억하며善護
念,[8] 모든 보살들에게 잘 맡기어 당부하고 있다善付囑. 그
대는 이제 새겨들어라汝今諦聽,[9] 마땅히 그대에게 말하리
라當爲汝說. 선남자와 선여인이 아뇩다라삼먁삼보리심을
일으키면發,[10] 응당 이와 같이 머물고應如是住, 이와 같이
그 마음을 항복시켜야 하느니라如是降伏其心."[11]

"그리하겠습니다唯然,[12] 세존이시여. 기쁘게 듣기를 원
합니다願樂欲聞."

1 제2분의 분제는 善現起請分과 善現啓請分(또는 善現啟請分)이 혼용
되어 쓰이고 있다. 한국어권에서는 善現起請分(선현기청분) 표기가
더 자주 보이는 경향이 있고, 중화권에서는 善現啟請分(선현계청분)
이 흔하다. 한국 불교학술원 아카이브 자료 중에도 '善現啓請分' 표
기가 확인되며, 다른 자료에서는 '善現起請分'도 나타난다.

이러한 차이는 분제(分題)가 경문 원래의 고정 제목이 아니라 후대
편집·유통 과정에서 붙은 표제이며, '起請(일어나 청함)'과 '啟/啓請
(아뢰어 청함)'처럼 초점을 달리하는 제목이 선택되면서 생긴 것으로
볼 수 있다.

선현(善現)은 '선하게 드러나다'라는 의미이지만, 여기서는 수보리(須
菩提)의 별칭이다.

2 수보리(須菩提, Subhūti): 산스크리트어 Subhūti는 보통 '좋은 복덕·안녕
(善福德, 善吉祥)', 또는 '복덕이 뛰어난 자' 정도로 풀이된다. 한역에
서는 수보리를 선현(善現), 선길(善吉), 공생(空生) 등으로도 옮겼다.

수보리는 부처님의 10대 제자 가운데 한 사람이며, 특히 공(空)을 해
득함이 으뜸(解空第一)인 제자로 전해진다. 『금강경』에서는 부처님과
의 문답을 통해 공과 무아의 뜻을 드러낸다.

3 여기서의 대중(大衆)은 많은 승려와 신도, 곧 비구(比丘), 비구니(比
丘尼), 우바새, 우바이 사부(四部)의 총칭임.

4 편단우견(偏袒右肩): 상대편에 대한 공경의 뜻으로, 왼쪽 어깨에 법의
를 걸치고 오른쪽 어깨는 드러나게 옷을 입는 예법.

5 우슬착지(右膝着地): 존경하는 뜻을 나타낼 때, 오른쪽 무릎을 땅에
대고 왼쪽 무릎을 세우고 하는 인도의 예법.

6 아뇩다라삼먁삼보리(阿耨多羅三藐三菩提)는 산스크리트어
'Anuttarā-samyak-saṃbodhi'를 음역한 용어로, 불교에서 최상의

바르고 완전한 깨달음, 즉 무상정등정각(無上正等正覺)을 의미한다. 이것은 부처가 성취한 최고의 깨달음 상태를 가리키며, 대승불교에서 보살이 추구하는 궁극의 목표이다.

7 응(應)은 '응당', 당(當)은 '마땅히'로 번역했다. 일관성과 섬세한 직역을 위해 이후로도 마찬가지 원칙이 지켜진다.

8 선호념(善護念): 잘 보호하고(護) 마음에 두며/기억하다(念).
선부촉(善付囑): 잘 당부하여(囑) 맡기다/부탁하다(付).

9 체청(諦聽): 주의하여 자세히 듣다.

10 발(發): 일으키다. 불교에서 '발심(發心)'은 '깨달음을 구하는 마음을 일으킴'을 의미한다.

11 항복(降伏): 보통 굴복시키다, 다스리다 등의 의미이지만, 불교 경전에서는 '마음(妄念, 번뇌)을 항복받다'는 의미로 쓰인다. 후대 해석의 영향일 가능성도 있지만, 훨씬 직역에 가까워 그에 따른다.

12 유연(唯然)은 문자상으로 보면 '오직 그러하다' 혹은 '그렇습니다' 정도로 해석될 수 있다. 단순한 긍정(是, 然, 善哉 등)과 달리, 더욱 공손하고 경건한 승인의 표현으로 쓰인다. 불교 경전에서는 제자들이 부처님의 가르침을 받아들이고 존중하는 태도를 나타낼 때, 강조된 형태로 사용되고 있다.

大乘正宗分 第三
대 승 정 종 분 제 삼

佛告 須菩提
불고 수보리

諸菩薩摩訶薩 應如是降伏其心 所有一切衆
제보살마하살 응여시항복기심 소유일체중

生之類 若卵生 若胎生 若濕生 若化生 若
생지류 약난생 약태생 약습생 약화생 약

有色 若無色 若有想 若無想 若非有想非無
유색 약무색 약유상 약무상 약비유상비무

想 我皆令入無餘涅槃 而滅度之
상 아개령입무여열반 이멸도지

| 3 |
대승의 올바른 교리

  부처님께서 수보리에게 이르셨다.

  "모든 보살마하살菩薩摩訶薩[1]은 응당應 이와 같이 그 마음을 항복降伏시켜야 하느니라. '일체 중생一切衆生의 종류類는 알에서 난 것卵生이든, 태에서 난 것胎生이든, 습한 곳에서 난 것濕生[2]이든, 변화하여 난 것化生[3]이든, 색이 있는 것有色이든, 새이 없는 것無色이든, 생각이 있는 것이든有想, 생각이 없는 것無想이든, 생각이 있는 것도 아니고 없는 것도 아닌 것非有想非無想이든, 나는我[4] 모두를 무여열반無餘涅槃에 들게 하여 멸도滅度[5]하게 하리라.'

如是滅度 無量無數無邊衆生 實無衆生
여시멸도　무량무수무변중생　실무중생

得滅度者 何以故 須菩提 若菩薩有我相
득멸도자　하이고　수보리　약보살유아상

人相 衆生相 壽者相 則非菩薩
인상　중생상　수자상　즉비보살

74

이와 같이 한량없고無量 무수無數하고 끝없는無邊 중생衆生을 멸도하되滅度, 실로實 멸도됨을 얻는得滅度 중생은 없느니라. 왜냐하면何以故 수보리여, 만약若 보살이 나라는 상我相,[6] 사람이라는 상人相,[7] 중생이라는 상衆生相,[8] 수자라는 상壽者相[9]이 있다면, 곧則 보살이 아니기非菩薩 때문이다."

역주

1 보살마하살: 보살은 대체로 이상적인 수행자상을 말한다. 마하살은 위대한 사람이라는 뜻으로, '보살'을 높여 이르는 말.

2 습생(濕生): 축축한 곳에서 태어나는 생물. 뱀, 개구리, 모기, 귀뚜라미 따위가 이에 해당함.

3 화생(化生): 몸이나 의탁할 곳이 없이 홀연히 생겨나는 것. 그렇게 생겨난 귀신(鬼神)을 가리키기도 함.

4 여기서의 '나(我)'는 누구를 가리킬까? 여기서의 나는 '보살마하살'을 가리킨다. 그런데 우리 번역서들을 보면 이것이 마치 부처님인 것처럼 번역되어 있다.

5 멸도(滅度): 번뇌에서 벗어나 진리를 깨달아 생사윤회를 떠남. 멸(滅)은 '소멸하다', 도(度)는 '건너다', '해탈하다'라는 뜻으로, '번뇌의 소멸을 통해 해탈의 경지에 이르다'라는 의미를 가진다.

불교에서 멸도는 다음과 같은 두 가지 의미를 내포한다.

- 번뇌의 소멸(滅): 탐욕, 성냄, 어리석음 등 삼독(三毒)을 비롯한 모든 번뇌를 소멸하여 깨달음의 상태에 도달하는 것.

- 해탈의 경지(度): 생사윤회를 넘어 열반(涅槃)에 도달하여 영원한 평안과 자유를 얻는 상태. 곧, 멸도는 '아뇩다라삼먁삼보리(阿耨多羅三藐三菩提)'를 성취하는 최종 목표로서, 모든 고통과 번뇌를 초월한 해탈의 경지를 뜻한다. 다른 표현으로 '열반(涅槃)', '적멸(寂滅)' 등이 유사한 개념으로 사용되며, '깨달음을 통해 고통과 번뇌를 완전히 소멸한 상태'를 의미한다.

- 무여열반(無餘涅槃): 모든 번뇌가 끊기고 육신까지 사라진 후 얻어지는 평온의 경지.

6 아상(我相): '나'라는 존재에 대한 고정된 생각. 자아 중심적 사고와 집착을 의미한다.

7 인상(人相): '사람'이라는 고정된 개념. 타인을 고정된 실체로 여기는 생각을 의미한다.

8 중생상(衆生相): '중생'이라는 집합적 개념에 대한 집착. 중생들이 각기 고정된 실체를 가지고 있다고 여기는 것.

9 수자상(壽者相): '영속적인 생명체'라는 집착. 생명이나 존재가 영속적으로 지속된다고 믿는 생각.

妙行無住分 第四
묘 행 무 주 분 제 사

復次 須菩提 菩薩於法 應無所住 行於布施
부 차 수 보 리 보 살 어 법 응 무 소 주 행 어 보 시

所謂不住色布施 不住聲香味觸法布施
소 위 부 주 색 보 시 부 주 성 향 미 촉 법 보 시

須菩提 菩薩 應如是布施 不住於相 何以故
수 보 리 보 살 응 여 시 보 시 부 주 어 상 하 이 고

若菩薩 不住相布施 其福德 不可思量
약 보 살 부 주 상 보 시 기 복 덕 불 가 사 량

須菩提 於意云何 東方虛空 可思量不
수 보 리 어 의 운 하 동 방 허 공 가 사 량 부

不也 世尊
불 야 세 존

須菩提 南西北方 四維 上下 虛空 可思量不
수 보 리 남 서 북 방 사 유 상 하 허 공 가 사 량 부

78

신묘한 행위는 어디에도 머물지 않는다[1]

"또한復次 수보리여, 보살은 응당應[2] 법法에 머무는 바所住 없이無 보시布施해야 하느니라. 이른바所謂, 색色(형상)에 머물지 않고不住[3] 보시하고, 소리聲, 향香, 맛味, 촉觸, 법法에 머물지 않고不住 보시하느니라. 수보리여, 보살은 응당 이와 같이 보시하며應如是布施 상相에 머물지 않느니라. 왜냐하면何以故 만약 보살이 상에 머물지 않고不住相[4] 보시하면, 그 복덕福德은 헤아릴 수 없기 때문이다不可思量.

수보리여, 어찌 생각하느냐於意云何, 동방東方의 허공을 헤아릴 수 있겠느냐可思量不?"

"헤아릴 수 없습니다不也, 세존이시여."

"수보리여, 남방, 서방, 북방, 사방四維, 상하上下의 허공을 헤아릴 수 있겠느냐可思量不?"

不也 世尊
불야 세존

須菩提 菩薩無住相布施 福德亦復如是 不可
수보리 보살무주상보시 복덕역부여시 불가

思量 須菩提 菩薩但應如所教住
사량 수보리 보살단응여소교주

"헤아릴 수 없습니다, 세존이시여."

"수보리여, 보살이 상에 머무름 없이 보시한 無住相布施[5] 복덕福德도 또한 이와 같아서 亦復如是 헤아릴 수 없느니라不可思量. 수보리여, 보살은 다만但 응당 가르친 바와 같이 머물러야 하느니라應如所教住."

81

1 묘행무주(妙行無住): 직역하면 '신묘한 행위는 어디에도 머물지 않는
다'이지만, 의역하면 '뛰어난 수행은 집착함이 없다' 정도가 된다.

2 응무소주(應無所住): 소주(所住)는 '머무는 바', '집착하는 것'을 의미.
곧 응무소주는 '응당 머무는 바가 없어야 한다'는 뜻으로, '무주상 보
시'를 설하는 핵심 구절이다.

3 '불(不)'이 '부'로 읽히는 이유는 뒤에 따라오는 한자어 첫소리(초성)
ㄷ, ㅈ 앞에서 ㄹ이 탈락하는 음운 규정 때문이다. '부당(不當), 부득
이(不得已), 부정(不正), 부주의(不注意)' 등이 그 한 예이다. 따라서 본
문에서도 '불주색(不住色)'이 아닌 '부주색', '불주성향미촉법(不住聲
香味觸法)'이 아닌 '부주성향미촉법'이다.

4 부주상(不住相): 상에 머무르지 않음. 곧 상에 의지해 서지 않고, 상
을 붙잡아 두지 않음.

5 무주상(無住相) 보시: 보시를 할 때도 집착 없이 행하라는 의미로, 진
정한 보시와 수행은 '나'라는 아상(我相)을 버리는 것에서 시작된다.
곧 '응무소주'는 무아(無我)와 공성(空性)의 핵심 원리를 담고 있는데,
모든 존재가 공(空)하므로 그 어떤 것에도 집착해서는 안 된다는 가
르침이다.

如理實見分 第五
여리실견분 제오

須菩提 於意云何 可以身相 見如來不
수보리 어의운하 가이신상 견여래부

不也 世尊 不可以身相 得見如來 何以故 如
불야 세존 불가이신상 득견여래 하이고 여

來所說 身相 則非身相
래소설 신상 즉비신상

佛告 須菩提
불고 수보리

凡所有相 皆是虛妄 若見諸相非相 則見如來
범소유상 개시허망 약견제상비상 즉견여래

| 5 |
참된 인식의 원리

"수보리여, 어떻게 생각하느냐於意云何? 여래를 몸의 상相[1]으로 볼 수 있겠느냐?"

"아닙니다不也, 세존이시여. 몸의 상身相으로 여래如來를 볼 수 없습니다. 왜냐하면何以故 여래께서 말씀하신 바所說 몸의 상은 곧則 몸의 상이 아니기 때문입니다非身相."

부처님께서 수보리에게 말씀하셨다佛告須菩提.

"무릇凡 상相이 있는有 바所는 모두皆 허망虛妄한 것이다. 만약若 모든 상諸相이 상이 아님을 본다면, 곧 여래를 보는 것이다則[2]見如來."

1 상(相): 외관, 형태, 특성, 물리적 형태, 개념적 형태, 또는 인식의 대상이 되는 '형상, 표지'를 가리킬 수 있다.

2 다수의 해설서들에 '卽(곧 즉)'으로 되어 있으나 고려대장경에는 '則(곧 즉)'으로 되어 있다. 고려대장경은 북송 시대의 '개보장경(開寶藏經)'을 저본으로 삼아 당대의 가장 정확한 텍스트를 복원하려 했던 결정체이다. 따라서 고려대장경에 '則'으로 되어 있다는 것은, 구마라집 역본의 초기 전래 형태나 당시 권위 있다고 여겨지던 판본들이 '則'을 사용했음을 알려주는 강력한 근거가 된다.

물론 '卽'과 '則'은 혼용되는 글자여서 그 뜻에 큰 차이가 있는 것은 아니다. 그렇다고 둘이 똑같은 글자라는 얘기도 아니다. 여기 나오는 '약견제상비상(若見諸相非相) 즉견여래(則見如來, 卽見如來)'의 경우를 놓고 보면, 먼저 본래 글자로 여겨지는 '則'을 사용할 경우 '모든 상이 상 아님을 본다면, 곧 여래를 보는 것이다'의 의미다. 이때의 '곧'은 수학 기호의 '='과 흡사하다. 제상이 비상임을 알면 그게 곧 여래를 보는 것과 같다는 의미다. 반면에 '卽'은 '~하면 즉시'의 뉘앙스가 강하다. 제상이 비상임을 알면 그 즉시(즉각, 곧바로) 여래를 보게 된다는 말이다. '則'을 쓰면 '제상이 상 아님을 봄'과 '여래를 봄'아 둘이 아닌(不二) 하나의 일이라는 의미가 되고, '卽'을 쓰면 두 가지 일에 순서가 있는 것처럼 읽히게 된다.

正信希有分 第六
정 신 희 유 분 제 육

須菩提 白佛言
수 보 리 백 불 언

世尊 頗有衆生 得聞如是 言說章句 生實信不
세 존 파 유 중 생 득 문 여 시 언 설 장 구 생 실 신 부

佛告 須菩提
불 고 수 보 리

莫作是說 如來滅後 後五百歲 有持戒修福者
막 작 시 설 여 래 멸 후 후 오 백 세 유 지 계 수 복 자

於此章句 能生信心 以此爲實 當知 是人 不
어 차 장 구 능 생 신 심 이 차 위 실 당 지 시 인 불

於一佛 二佛三四五佛 而種善根 已於無量
어 일 불 이 불 삼 사 오 불 이 종 선 근 이 어 무 량

千萬佛所 種諸善根 聞是章句 乃至一念 生
천 만 불 소 종 제 선 근 문 시 장 구 내 지 일 념 생

淨信者
정 신 자

6

바른 믿음을 내는 것은 드물고 소중하다

수보리가 부처님께 여쭈었다須菩提白佛言.

"세존이시여, 혹頗 중생이 있어 이와 같은 글귀言說章句를 듣고 진실한 믿음實信언을 내겠습니까?"

부처님께서 수보리에게 말씀하셨다佛告須菩提.

"그렇게 말하지 마라莫作是說. 여래가 멸도한 후如來滅後, 후오백세後五百歲[1]에 계율을 지키고持戒 복덕을 닦는修福 자가 있으리니, 이 글귀를 듣고 능히能 믿음의 마음信心을 내어 이를 진실로 삼느니라爲實. 마땅히 알지니라當知. 이 사람은 한 부처, 두 부처, 세 부처, 네 부처, 다섯 부처님에게만 선근善根[2]을 심은 것이 아니라, 이미 무량천만無量千萬 부처님께 여러 선근을 심었으니, 이 글귀를 듣고聞是章句, 심지어乃至 한 생각一念에라도 청정한 믿음淨信을 낼 것이다.

89

須菩提 如來悉知悉見 是諸衆生 得如是 無
수보리 여래실지실견 시제중생 득여시 무

量福德 何以故 是諸衆生 無復我相 人相 衆
량복덕 하이고 시제중생 무부아상 인상 중

生相 壽者相 無法相 亦無非法相
생상 수자상 무법상 역무비법상

何以故 是諸衆生 若心取相 則爲著我人衆生
하이고 시제중생 약심취상 즉위착아인중생

壽者 若取法相 則著我人衆生壽者
수자 약취법상 즉착아인중생수자

何以故 若取非法相 則爲著我人衆生壽者 是
하이고 약취비법상 즉위착아인중생수자 시

故 不應取法 不應取非法
고 불응취법 불응취비법

以是義故 如來常說 汝等比丘 知我說法 如
이시의고 여래상설 여등비구 지아설법 여

筏喩者 法尚應捨 何況非法
벌유자 법상응사 하황비법

수보리여, 여래는 모두 알고 모두 보나니悉知悉見, 이 모든 중생이 이와 같은 무량한 복덕無量福德을 얻으리라. 왜냐하면 이 모든 중생에게 다시는 나라는 상我相, 사람이라는 상人相, 중생이라는 상衆生相, 수자라는 상壽者相이 없으며, 법이라는 상도 없고無法相, 또한 비법이라는 상非法相도 없기 때문이니라.

왜냐하면何以故 이 모든 중생이 만약若 마음에 상相을 취하면取, 곧 나, 사람, 중생, 수자에 집착함이 되기 때문이니라. 또한 만약 법이라는 상을 취해도, 곧 나, 사람, 중생, 수자에 집착함著³이 되기 때문이니라.

왜냐하면何以故 만약 법이 아닌 상非法相을 취해도 곧 나, 사람, 중생, 수자에 집착함이 되기 때문이니라. 그러므로是故 응당 법을 취해서도 아니 되며不應取法, 응당 비법을 취해서도 아니 되느니라不應取非法.

이 뜻으로 말미암아以是義故, 여래는 항상 말하노니如來常說, 너희 비구들이여汝等比丘, 내가 말하는 법이 뗏목의 비유와 같음을 알아야 하느니라知我說法如筏喩者. 법조차 응당 버려야 하거늘法尚應捨, 하물며 비법임에랴何況非法."

91

1 후오백세(後五百歲): '부처님 멸도(滅度) 후의 500년'을 이른다. 정법 (正法)·상법(像法)·말법(末法)의 3단계로 나누어 설명하는 전통이 있 으며, 그 연수와 구분에는 여러 설이 있다. 이때의 '후오백세'는 문맥 에 따라 정법시대의 끝자락, 또는 상법시대의 시작으로 보기도 한다.

- 정법시대(正法時代, 500년): 가르침과 수행이 바르게 유지되는 시기.
- 상법시대(像法時代, 1,000년): 수행은 있으나, 가르침이 점차 약해지 는 시기.
- 말법시대(末法時代, 10,000년): 가르침이 쇠퇴하고 불법이 약해지는 시기.

2 선근(善根): 선한 뿌리. 불교에서 공덕을 쌓아 깨달음의 기초가 되는 선행이나 공덕을 뜻함.

3 즉위착아(則爲著我)에서 '착(著)'은 '집착하다'는 뜻.

無得無說分 第七
무 득 무 설 분 제 칠

須菩提 於意云何 如來得阿耨多羅三藐三菩
수보리 어의운하 여래득아뇩다라삼먁삼보

提耶 如來有所說法耶
리야 여래유소설법야

須菩提言
수보리언

如我解 佛所說義 無有定法 名阿耨多羅三藐
여아해 불소설의 무유정법 명아뇩다라삼먁

三菩提 亦無有定法 如來可說 何以故 如來
삼보리 역무유정법 여래가설 하이고 여래

所說法 皆不可取 不可說 非法 非非法 所
소설법 개불가취 불가설 비법 비비법 소

以者何 一切賢聖 皆以無爲法 而有差別
이자하 일체현성 개이무위법 이유차별

94

7

궁극적인 깨달음은 얻을 대상이 아니다[1]

"수보리여, 어떻게 생각하느냐於意云何, 여래는 아뇩다라삼먁삼보리를 얻었겠느냐? 여래에게 설할 법이 있겠느냐如來有所說法耶?"

수보리가 대답했다須菩提言.

"제가 부처님께서 말씀하신 법의 의미를 이해하기로는, 아뇩다라삼먁삼보리라고 이름할名 정해진 법이 없고無有定法, 또한亦 여래께서 설할 수 있는如來可說 정해진 법도 없나이다無有定法. 왜냐하면 여래가 설한 법如來所說法은 모두 취할 수 없고皆不可取, 말할 수도 없으며不可說, 법도 아니고非法, 법이 아닌 것도 아니기非非法 때문입니다. 무슨 까닭인가 하면所以者何, 일체의 현성賢聖[2]은 모두 무위법無爲法[3]으로써 차별差別이 있기 때문입니다."

1 무득무설분(無得無說分): 궁극적인 깨달음은 '얻을(得) 대상'이 아니며, 또한 말로 '설할(說) 수 있는 것'이 아님을 뜻한다. 다시 말해 참된 깨달음은 언어로 규정될 수 없는 경지임을 말한다.

2 현성(賢聖): 현인과 성인.

3 무위법(無爲法): 인위가 없는 법, 곧 인연에 의존하지 않는 불변의 진리를 말한다. 인위가 작용하고 인연에 의해 만들어진 유위법(有爲法)과 대비되는 개념이다. 이 구절에서 '차별이 있다'는 말은, 일체의 현성이 모두 무위법을 근거로 하되 그에 따라 차별이 있음을 말한 것으로, 유위법에 대한 집착을 버리고 무위법을 아는 바에 따라 차이가 난다는 말로 이해할 수 있다.

依法出生分 第八
의 법 출 생 분 제 팔

須菩提 於意云何 若人 滿三千大千世界 七
수 보 리 어 의 운 하 약 인 만 삼 천 대 천 세 계 칠

寶 以用布施 是人 所得福德 寧爲多不
보 이 용 보 시 시 인 소 득 복 덕 영 위 다 부

須菩提言
수 보 리 언

甚多 世尊 何以故 是福德 則非福德性 是故
심 다 세 존 하 이 고 시 복 덕 즉 비 복 덕 성 시 고

如來說 福德多
여 래 설 복 덕 다

8

법에 의지해 생겨나다

"수보리여, 어떻게 생각하느냐於意云何? 만약 어떤 사람若人이 삼천대천세계三千大千世界[1]에 칠보七寶[2]를 가득 채워 보시에 사용한다면, 이 사람이 얻는 복덕이 많지 않겠느냐是人所得福德寧爲多不?"

수보리가 말했다須菩提言.

"매우 많습니다甚多, 세존이시여. 왜냐하면何以故 이 복덕은 곧 복덕의 성품福德性[3]이 아니므로, 여래께서 복덕이 많다 말씀하신 것입니다."

若復有人 於此經中 受持 乃至 四句偈等 爲
약부유인 어차경중 수지 내지 사구게등 위

他人說 其福勝彼 何以故 須菩提 一切諸佛
타인설 기복승피 하이고 수보리 일체제불

及諸佛 阿耨多羅三藐三菩提法 皆從此經出
급제불 아뇩다라삼먁삼보리법 개종차경출

須菩提 所謂佛法者 則非佛法
수보리 소위불법자 즉비불법

100

"또한復 만약若 어떤 사람이 이 경전 가운데서於此經中[4] 심지어乃至[5] 네 구절의 게송四句偈[6]이라도 수지受持[7]하고, 이를 다른 사람을 위해 설한다면爲他人說, 그 복덕은 앞의 복덕보다 낫느니라其福勝彼. 왜냐하면 수보리여, 모든 부처一切諸佛와 모든 부처의 아뇩다라삼먁삼보리법阿耨多羅三藐三菩提法이 모두 이 경에서 나오기 때문이니라皆從此經出. 수보리여, 이른바所謂 불법佛法이라 하는 것은 곧 불법이 아니니라則非佛法."

1 삼천대천세계(三千大千世界): 불교에서는 하나의 세계를 소천세계(小千世界)라고 한다. 소천세계 1,000개가 모이면 중천세계(中千世界)다. 중천세계 1,000개가 모이면 대천세계(大千世界)가 된다. 삼천대천세계(三千大千世界)는 이러한 대천세계 3,000개가 모인 것으로, 우주 전체를 의미하는 방대한 개념이다.

2 칠보(七寶): 일곱 가지 보배. 금, 은, 유리, 수정, 호박, 산호, 마노.

3 복덕성(福德性): '복덕의 성품', 즉 복덕이 본래적으로 지닌 어떤 실체적 성질. 『금강경』에서는 이것조차도 고정된 성품이 아니라고 부정한다(則非福德性).

- 불교 경전에서 자주 등장하는 '성(性)'이라는 말은 성품(性品)을 뜻하며, 산스크리트어 'svabhāva' 또는 'prakṛti' 등을 번역한 표현이다. 주된 의미는 '사물이나 존재가 본래 갖추고 있는 고정된 본질'이다. 변하지 않는 실체성 또는 독립적 자성으로, 불교에서는 이러한 '고정된 성품'이 없다는 것을 강조한다.
- 법성(法性): 법의 참된 본성. 공(空)이나 열반의 본질을 지칭할 때 사용된다.
- 자성(自性): 스스로 존재하는 성품. 대승불교에서는 무자성(無自性)을 강조하여 이를 부정한다. 즉, '모든 법에는 고정된 성품이 없다(諸法無自性)', 이것이 공(空)의 사상이며, 『금강경』의 '則非…性' 구조는 바로 이 무자성을 가리키는 방식이다.

4 어차경중(於此經中)의 어(於): '~에', '~에게', '~에서', '~로부터', '~보다' 등의 다양한 의미를 갖는 전치사. 문맥에 따라 장소나 대상, 비교 또는 피동을 나타낸다.

5 내지(乃至): '심지어', '나아가서'의 뜻으로, 특정 조건이나 범위를 강조할 때 사용된다.

6 사구게(四句偈): 네 구절로 이루어진 불교 게송. 주로 경전의 핵심 교리나 진리를 간결하게 표현한 운문 형식으로, 가르침을 쉽게 외우고 기억할 수 있도록 한 형태다.

사구게는 일반적으로 한 구절마다 독립된 의미를 가지며, 전체 네 구절이 하나의 완결된 의미를 이루도록 구성된다. 리듬감과 운율을 통해 쉽게 암송할 수 있도록 만들어졌다.

〈반야심경〉의 마지막 부분도 일종의 사구게이다.

'아제아제(揭諦揭諦) 바라아제(波羅揭諦) 바라승아제(波羅僧揭諦) 보리사바하(菩提娑婆訶)'

7 수지(受持): 경전을 받아 항상 잊지 않고 머리에 새겨 가짐. 경전을 수지한다는 것은 그 내용을 깊이 간직하여 실천하는 것을 의미한다.

103

一相無相分 第九
일 상 무 상 분 제 구

須菩提 於意云何 須陀洹 能作是念 我得 須
수 보 리 어 의 운 하 수 다 원 능 작 시 념 아 득 수

陀洹果不
다 원 과 부

須菩提言
수 보 리 언

不也 世尊 何以故 須陀洹 名爲入流 而無所
불 야 세 존 하 이 고 수 다 원 명 위 입 류 이 무 소

入 不入色聲香味觸法 是名須陀洹
입 불 입 색 성 향 미 촉 법 시 명 수 다 원

|9|
하나의 상은 곧 무상이다[1]

"수보리여, 어떻게 생각하느냐於意云何? 수다원須陀洹[2]이 '나는 수다원의 열매果를 얻었다我得須陀洹果'라는 생각을 일으키겠느냐?"

수보리가 말했다須菩提言.

"아닙니다不也, 세존이시여. 왜냐하면何以故 수다원須陀洹은 이름하여 '흐름에 드는 사入流'라 하지만, 실제로 드는 바가 없기無所入 때문입니다. 색, 소리, 향, 맛, 촉, 법에 들지 않으니, 이것이 수다원이라 이름하는 이유입니다."

須菩提 於意云何 斯陀含 能作是念 我得斯
수보리 어의운하 사다함 능작시념 아득사

陀含果不
다함과부

須菩提言
수보리언

不也 世尊 何以故 斯陀含 名一往來 而實無
불야 세존 하이고 사다함 명일왕래 이실무

往來 是名斯陀含
왕래 시명사다함

須菩提 於意云何 阿那含 能作是念 我得 阿
수보리 어의운하 아나함 능작시념 아득 아

那含果不
나함과부

須菩提言
수보리언

不也 世尊 何以故 阿那含 名爲不來 而實無
불야 세존 하이고 아나함 명위불래 이실무

不來 是故 名阿那含
불래 시고 명아나함

"수보리여, 어떻게 생각하느냐? 사다함斯陀含은 '나는 사다함의 열매를 얻었다我得斯陀含果'라는 생각을 일으키겠느냐能作是念?"

수보리가 말했다須菩提言.

"아닙니다, 세존이시여. 왜냐하면何以故 사다함斯陀含은 이름하여名 '한 번 돌아오는 자一往來'라 하지만, 실제로 오고 감은 없기 때문입니다實無往來. 이것이 사다함이라 이름하는 이유입니다是名斯陀含."

"수보리여, 어떻게 생각하느냐? 아나함阿那含은 '나는 아나함의 열매를 얻었다我得阿那含果'라는 생각을 일으키겠느냐?"

수보리가 말했다.

"아닙니다, 세존이시여. 왜냐하면 아나함은 이름하여 '더 이상 돌아오지 않는 자不來'라 하지만, 실로 돌아오지 않는 것은 없기 때문입니다. 이것이 아나함이라 이름하는 이유입니다是故名阿那含."

須菩提 於意云何 阿羅漢 能作是念 我得 阿
수보리 어의운하 아라한 능작시념 아득 아

羅漢道不
라한도부

須菩提言
수보리언

不也 世尊 何以故 實無有法名阿羅漢 世尊
불야 세존 하이고 실무유법명아라한 세존

若阿羅漢 作是念 我得阿羅漢道 則爲著我人
약아라한 작시념 아득아라한도 즉위착아인

衆生壽者 世尊 佛說 我得無諍三昧人中 最
중생수자 세존 불설 아득무쟁삼매인중 최

爲第一 是第一離欲阿羅漢
위제일 시제일이욕아라한

"수보리여, 어떻게 생각하느냐? 아라한阿羅漢은 '나는 아라한의 도를 얻었다我得阿羅漢道'라는 생각을 일으키겠느냐?"

수보리가 말했다.

"아닙니다不也, 세존이시여. 왜냐하면 실제로實 아라한 법이라 이름할 것이 없기 때문입니다. 세존이시여, 만약 아라한이 '나는 아라한의 도를 얻었다我得阿羅漢道'라는 생각을 일으킨다면, 곧則 아상我, 인상人, 중생상衆生, 수자상壽者에 집착하는 것입니다. 세존이시여世尊, 부처님께서 제게我 말씀하시기를佛說, '무쟁삼매無諍三昧를 얻은 得 사람 중 가장 제일最爲第一이고, 욕망을 여읜離欲 제일第一 아라한阿羅漢'이라고 하셨습니다."

世尊 我不作是念 我是離欲 阿羅漢 世尊 我
세존 아부작시념 아시이욕 아라한 세존 아

若 作是念 我得阿羅漢道 世尊 則不說 須
약 작시념 아득아라한도 세존 즉불설 수

菩提 是樂阿蘭那行者 以須菩提實無所行
보리 시요아란나행자 이수보리실무소행

而名須菩提 是樂阿蘭那行
이명수보리 시요아란나행

"세존이시여, 저는 '나는 욕망을 떠난 아라한이다我是離欲阿羅漢'라는 생각을 일으키지 않습니다我不作是念. 세존이시여, 제가 만약 '나는 아라한의 도를 얻었다我得阿羅漢道'라는 생각을 일으켰다면, 세존께서는 즉則 수보리를 '아란나의 행을 즐기는 사람是樂阿蘭那行者'이라 말씀하지 않았을 것입니다不說. 수보리는 실로 행하는 바가 없었기에 수보리라 이름한 것이며名須菩提, 이는 아란나의 행을 즐기는 것是樂阿蘭那行이기 때문입니다."

1 一相(일상): 하나의 상(相), 또는 '진정한 상(相)'을 가리킨다. 불교에서
는 '진여(眞如)', 법성(法性), 불성(佛性) 등과 통하는 절대적 진리를 뜻
한다.

無相(무상): 형상이 없음, 즉 상(相)에 집착하지 않음, 모든 형상은 본
래 공(空)하다는 뜻이다. 따라서 공은 '무'가 아니라 집착하지 않는다
는 의미다.

2 성문 사과(聲聞四果): 이 분(分)을 이해하기 위해서는 성문 사과(聲聞
四果)와 수보리(須菩提)의 별칭(善現)이 지닌 의미를 함께 염두에 둘
필요가 있다. 이 대목에서 여래와 수보리는 '이름'과 '호칭'을 매개로
은유적 응답을 주고받고 있기 때문이다.

우선 설법을 듣고 깨달아 해탈을 성취하고자 하는 불제자를 성문(聲
聞)이라 한다. 이 성문들이 얻는 깨달음의 단계를 네 가지 지위로 나
누는데, 이를 성문 사과(聲聞四果)라 한다.

성문 사과의 단계는 수다원(須陀洹), 사다함(斯陀含), 아나함(阿那含),
아라한(阿羅漢)이다. 개별적으로 그 의미를 살펴보면 다음과 같다.

• 수다원(須陀洹, srotāpanna): 수다원은 성문 사과 중 첫 번째 단계로,
해탈의 길로 들어선 것을 의미한다. 아견(身見), 의(疑), 계금취(戒禁
取)의 삼결(三結)을 끊고, 더 이상 삼악도(三惡道)에 떨어지지 않음
을 뜻한다.

어원적으로 산스크리트어 srota(흐름) + āpanna(들어간 자)에서 유래
한 말로, 문자 그대로 해석하면 '흐름에 듦' 또는 '흐름에 들어간
자'가 된다. 따라서 한자어로는 입류(入流)라고도 한다.

• 사다함(斯陀含, sakṛdāgāmin): 성문 사과의 두 번째 단계로, 산스크리
트어 sakṛd(한 번) + āgāmin(돌아오는 자)에서 유래한다.

'한 번 왕래한다'는 뜻은 욕계(欲界)에 한 번 더 돌아온 뒤, 완전한

열반에 든다는 의미이다. 수다원보다 한 단계 높은 경지이며, 번뇌가 더욱 엷어진 상태를 가리킨다.

- 아나함(阿那含, anāgāmin): 성문 사과의 세 번째 단계로, 산스크리트어 an-(부정 접두사) + āgāmin(돌아오는 자)에서 유래한다.

  문자 그대로 해석하면 '다시 돌아오지 않는 자'라는 뜻이며, 이는 욕계(欲界)로 다시 돌아오지 않는다는 의미이다. 다시는 인간계로 환생하지 않는다고 설명되기도 하며, 생을 마친 뒤 완전한 열반에 든다고 한다.

- 아라한(阿羅漢, arhat/arahant): 산스크리트어 arhat(arahant)에서 유래한 음역어이다. 원어는 '마땅하다/자격 있다'는 뜻을 가지며, 보통 '응당 공경(공양)을 받을 만한 이', 또는 '번뇌의 적을 끊은 이'로 풀이된다.

  아라한은 성문 사과의 마지막 단계로, 불교에서 해탈을 완성한 수행자를 의미한다. 모든 번뇌를 끊고 열반에 든 자를 뜻하며, 더 이상 윤회하지 않는다.

- 수보리(須菩提, Subhūti): 산스크리트어 Subhūti는 보통 '좋은 복덕/안녕(善福德, 善吉祥)', 또는 '복덕이 뛰어난 자' 정도로 풀이된다. 한역에서는 수보리를 선현(善現), 선길(善吉), 공생(空生) 등으로도 옮겼다. 수보리는 부처님의 10대 제자 가운데 한 사람이며, 특히 공(空)을 해득함이 으뜸(解空第一)인 제자로 전해진다. 『금강경』에서는 부처님과의 문답을 통해 공과 무아의 뜻을 드러낸다.

莊嚴淨土分 第十
장엄정토분 제십

佛告 須菩提
불고 수보리

於意云何 如來昔在 燃燈佛所 於法 有所得不
어의운하 여래석재 연등불소 어법 유소득부

不也 世尊 如來在 燃燈佛所 於法 實無所得
불야 세존 여래재 연등불소 어법 실무소득

須菩提 於意云何 菩薩 莊嚴佛土不
수보리 어의운하 보살 장엄불토부

不也 世尊 何以故 莊嚴佛土者 則非莊嚴 是
불야 세존 하이고 장엄불토자 즉비장엄 시
名莊嚴
명장엄

청정한 세계(불국토)를 장엄하다[1]

부처님께서 수보리에게 말씀하셨다佛告須菩提.

"어찌 생각하느냐於意云何? 여래가 옛적에昔 연등부처님燃燈佛[2] 처소에所 있을 때 법에서 얻은 바가 있었느냐於法有所得不?"

"아닙니다, 세존이시여. 여래께서 연등부처님 처소에 있을 적에如來在燃燈佛所, 법에서 실로 얻은 바는 없습니다於法實無所得."

"수보리여, 어찌 생각하느냐於意云何? 보살이 불국토佛土를 장엄莊嚴하느냐?"

"아닙니다, 세존이시여. 왜냐하면 불국토를 장엄하는 것은 곧 장엄이 아니며, 장엄이라 이름하는 것입니다是名莊嚴."

是故 須菩提 諸菩薩摩訶薩 應如是 生清淨
시고 수보리 제보살마하살 응여시 생청정

心 不應住色 生心 不應住聲香味觸法 生心
심 불응주색 생심 불응주성향미촉법 생심

應無所住 而生其心
응무소주 이생기심

須菩提 譬如有人 身如 須彌山王 於意云何
수보리 비여유인 신여 수미산왕 어의운하

是身爲大不
시신위대부

須菩提言
수보리언

甚大 世尊 何以故 佛說非身 是名大身
심대 세존 하이고 불설비신 시명대신

"그러므로是故 수보리여, 모든 보살마하살菩薩摩訶薩들은 응당應 이와 같이 청정심淸淨心을 내야 하느니라. 응당 색色(형상)에 머무는 마음을 내어서는 아니 되고, 응당 소리, 냄새, 맛, 감촉, 법(마음의 대상)에 머무는 마음을 내어서는 아니 되며, 응당 머무는 바 없이 그 마음을 내야 하느니라應無所住而生其心.

수보리야, 비유하건대譬如, 어떤 사람이 있어有人 몸이身 수미산왕須彌山王과 같다고 하면, 어떻게 생각하느냐? 於意云何 그 몸이 크다 하겠느냐是身爲大不?"

수보리가 대답했다須菩提言.

"매우 큽니다甚大, 세존이시여. 왜냐하면何以故 부처님께서 몸이 아님非身을 '큰 몸大身'이라 이름하셨기 때문입니다."

1 장엄정토(莊嚴淨土): '정토'는 부처와 보살이 머무는 청정한 세계로서, 고통과 번뇌가 없는 이상향을 뜻한다. '장엄'은 이러한 정토를 아름답고 청정하게 꾸미고 가꾸는 것을 의미하며, 수행자들이 공덕을 쌓아 불국토를 이루어가는 과정과 결과를 가리킨다.

2 연등부처(燃燈佛)와 석가모니 부처님: 두 부처님 사이의 일화는 불교 경전과 전승에 중요한 이야기로 등장한다

석가모니 부처님은 과거 생에 '선혜(善慧)보살'이라는 이름으로 수행하고 있었으며, 아직 깨달음을 이루지 못한 상태였다. 그 당시에 세상에 출현한 부처가 바로 연등부처(燃燈佛)이다.

어느 날 연등부처가 길을 가는데, 길 위에 물과 진흙이 가득하여 걸음을 옮기기가 어려웠다. 이를 본 선혜보살은 연등부처님이 지나가실 수 있도록 자신의 옷자락과 머리카락을 땅에 깔아 길을 만들었다. 연등부처가 이를 보고 기뻐하며, 선혜보살에게 다음과 같이 예언하였다.

"네가 장차 미래에 부처가 되어 석가모니불이 될 것이다."

이 예언은 선혜보살이 불교 역사상 석가모니 부처님으로 성불할 것임을 확정 지은 중요한 순간이다. 연등부처는 선혜보살의 위대한 발심과 공덕을 보고, 미래의 부처가 될 것을 인정하며 수기(授記)를 주었던 것이다.

無爲福勝分 第十一
무 위 복 승 분 제 십 일

須菩提 如恒河中 所有沙數 如是沙等 恒河
수 보 리 여 항 하 중 소 유 사 수 여 시 사 등 항 하

於意云何 是諸恒河沙 寧爲多不
어 의 운 하 시 제 항 하 사 영 위 다 부

須菩提言
수 보 리 언

甚多 世尊 但諸恒河 尚多無數 何況其沙
심 다 세 존 단 제 항 하 상 다 무 수 하 황 기 사

120

|11|
무위복이 우월하다[1]

"수보리여, 항하恒河에 있는 모든 모래의 수만큼, 그러한 모래의 수와 같은 항하가 있다면如是沙等恒河, 어찌 생각하느냐於意云何? 이 모든 항하의 모래가 과연 많다 하겠느냐寧爲多不?"

수보리가 말했다須菩提言.

"매우 많습니다甚多, 세존이시여. 단지但 모든 항하만으로도 이미 셀 수 없이 많은데尙多無數, 하물며 그 모래의 수라면 더 말할 것이 있겠습니까何況其沙."

須菩提 我今實言告汝 若有 善男子善女人
수보리 아금실언고여 약유 선남자선여인

以七寶 滿爾所 恒河沙數 三千大千世界 以
이칠보 만이소 항하사수 삼천대천세계 이

用布施 得福多不
용보시 득복다부

須菩提言
수보리언

甚多 世尊
심다 세존

佛告 須菩提
불고 수보리

若善男子善女人 於此經中 乃至受持四句偈
약선남자선여인 어차경중 내지수지사구게

等 爲他人說 而此福德 勝前福德
등 위타인설 이차복덕 승전복덕

122

"수보리여, 내가 지금 진실한 말로 네게 이르노니我今實言告汝, 만약 선남자와 선여인이 있어若有善男子善女人, 칠보로七寶 그 모든 항하의 모래 수만큼의 삼천대천세계三千大千世界를 가득 채워 보시布施한다면, 그 얻는 복덕이 많지 않겠느냐得福多不?"

수보리가 말했다.

"매우 많습니다甚多, 세존이시여."

부처님께서 수보리에게 이르셨다.

"만약 선남자와 선여인이 있어, 이 경전 가운데於此經中 심지어乃至² 사구게라도四句偈³ 받아 지니고, 다른 사람을 위해 설한다면爲他人說, 그 복덕은 앞의 복덕보다 나으리라而此福德 勝前福德."

1 무위복승(無爲福勝) : 불교에서 말하는 무위(無爲, Asamskrta)란 인연에 의존하지 않는 불변의 진리를 말한다. 이 진리에 근거함으로써 얻어지는 영원한 복이 무위복이다. 반대로 세상 사람들이 흔히 추구하는 물질, 건강, 명예 등과 관련된 세속적인 복을 유위복(有爲福)이라 한다. 이 분(分)은 유위복에 근거한 재물을 아무리 많이 보시하더라도 이 『금강경』의 4구게 하나를 타인에게 설해줌으로써 얻을 수 있는 무위복에는 미치지 못하다는 것이 핵심 내용이다. 그만큼 불변의 진리를 추구하고 설파해야 한다는 의미에서 이런 제목을 붙였다.

2 내지수지사구게등(乃至受持四句偈等): 이 문장에서 내지(乃至)는 '심지어'의 의미이다. 따라서 '심지어 사구게(四句偈)라도 받아'라는 구조의 문장이다.

3 사구게(四句偈): 경전에서 네 구절로 이루어진 짧은 게송 또는 운문을 가리킨다. 이 사구게는 4구(四句)로 구성되어 있으며, 각 구절은 한 가지 핵심 주제를 담고 있다. 불교 경전에서는 진리나 교리, 수행의 요체를 함축적으로 표현하는 방식으로 사용된다.

'네 구절로 이루어진 짧은 진리의 시'라고도 할 수 있는 사구게는, 수행자들이 단순하고 명확한 진리를 붙잡고 실천할 수 있도록 돕는 역할을 하기도 한다.

尊重正教分 第十二
존 중 정 교 분 제 십 이

復次 須菩提 隨說 是經 乃至 四句偈等 當
부차 수보리 수설 시경 내지 사구게등 당

知 此處 一切 世間天人 阿修羅 皆應供養
지 차처 일체 세간천인 아수라 개응공양

如佛塔廟
여불탑묘

何況 有人盡能 受持讀誦 須菩提 當知 是
하황 유인진능 수지독송 수보리 당지 시

人 成就 最上第一 希有之法 若是經典
인 성취 최상제일 희유지법 약시경전

所在之處 則爲有佛 若尊重弟子
소재지처 즉위유불 약존중제자

12

바른 가르침을 존중하다

"다시 말하자면復次[1] 수보리여, 이 경전을 따라 설하되
隨說是經[2], 심지어 사구게라도 설한다면, 마땅히 알지니라
當知[3], 그곳은此處[4] 온 세상의 천신天神과 인간[5] 아수라阿
修羅[6] 모두가 응당 공양할 곳이니皆應供養[7], 마치 부처님의
탑묘塔廟[8]를 공양하듯 하리라.

하물며 어떤 사람이何況有人 이 경을 온전히 받아 지니
며 독송까지 한다면盡能受持讀誦[9], 더 말해 무엇하겠느냐.
수보리여, 마땅히 알지니라當知. 이 사람이 최상 제일最上
第一의 흔치 않은 법希有之法[10]을 성취成就하느니라. 이 경
전이 있는 곳이 곧 부처님이 있는 곳이며則爲有佛, 또한
존중받는 제자尊重弟子가 머무는 곳이니라."

1 부차(復次): 이 경우 '단순 나열'이 아니라, 앞 분(分)의 결론을 이어받아 '경전 수지의 공덕'이 얼마나 존귀한지를 강조하기 위한 연결어이다. 따라서 의미 흐름상 '이어서', '그러므로 다시 말하자면'이 가장 자연스럽고 적절한 번역이다.

『금강경』은 구마라집(鳩摩羅什)이 한역한 역본이 가장 널리 유통되며, 그 내용은 통상 삼십이분(三十二分)으로 나뉘어 읽힌다. 그러나 이 삼십이분의 분절(分節)은 경문 원래의 고정 형식이 아니라, 한역 유통 과정에서 강설과 독송의 편의를 위해 정리된 것으로, 전통적으로 양(梁) 소명태자(昭明太子)가 삼십이분으로 나누었다고 전한다. 이런 과정이 있었기에 단락의 시작 부분에 부차(復次) 같은 연결어가 남아 있고, 그것이 오히려 후대의 번역·독해에서 불필요한 오해를 낳게 한 것은 아닐까, 개인적으로 추측해 본다.

2 수설시경(隨說是經): 수설(隨說)의 의미는 '경전을 따라 설하는 것(경전의 가르침을 그대로 전하는 것)'이지만, 문맥상 '만약(若)'이 생략된 조건문에 가까운 뉘앙스가 있어 '만약 …한다면'의 뜻이다. 그러나 보다시피 '만약'을 넣지 않고 직역해도 '가정'의 뉘앙스는 그대로 산다.

3 당지(當知): '마땅히' 알지니라.

4 차처(此處): '그곳은'으로, 경전을 설하는 장소를 의미한다.

5 천인(天人): 천신(天神)과 인간, 하늘의 존재들. 불교에서는 천신(天)과 인간(人)이 수행하여 해탈할 가능성이 있는 존재로 묘사되는 것이다.

6 아수라(阿修羅): 투쟁과 갈등을 상징하는 신적 존재.

7 개응공양(皆應供養): 모두 응당 공양(供養)할 것이니.

8 여불탑묘(如佛塔廟): '마치 부처님의 탑묘(塔廟)를 공양하듯'.

　• 불탑(佛塔): '부처님의 사리'를 모신 탑, 묘(廟)는 사원(寺院), 신전(神

殿)을 가리킨다.

9 수지(受持): 불법(佛法)을 받아 간직하고 실천하는 것.

10 희유지법(希有之法): 매우 귀하고 얻기 어려운 불법.

如法受持分 第十三
여법수지분　제십삼

爾時　須菩提　白佛言
이시　수보리　백불언

世尊　當何名此經　我等云何奉持
세존　당하명차경　아등운하봉지

佛告　須菩提
불고　수보리

是經　名爲　金剛般若波羅蜜　以是名字　汝當
시경　명위　금강반야바라밀　이시명자　여당

奉持　所以者何　須菩提　佛說　般若波羅蜜
봉지　소이자하　수보리　불설　반야바라밀

則非般若波羅蜜　須菩提　於意云何　如來
즉비반야바라밀　수보리　어의운하　여래

有所說法不
유소설법부

須菩提　白佛言
수보리　백불언

13

법에 따라 받아 지니다

그때爾時 수보리가 부처님께 여쭈었다須菩提白佛言.

"세존이시여世尊, 이 경의 이름은 마땅히 무엇이라 하며當何名此經, 저희는 어떻게 받들어 지녀야 하겠나이까我等云何奉持?"

부처님께서 수보리에게 이르셨다佛告須菩提.

"이 경의 이름을 금강반야바라밀金剛般若波羅蜜이라 하니, 이 이름으로써以是名字 그대는 마땅히 받들어 지녀라汝當奉持. 그 까닭이 무엇인가所以者何? 수보리여, 부처가 말하는 반야바라밀般若波羅蜜은 곧 반야바라밀이 아니기 때문이니라.[1] 수보리여, 어떻게 생각하느냐於意云何? 여래가 법을 말한 바가 있느냐?"

수보리가 부처님께 말했다.

世尊 如來 無所說
세존 여래 무소설

須菩提 於意云何 三千大千世界 所有微塵
수보리 어의운하 삼천대천세계 소유미진

是爲多不
시위다부

須菩提言
수보리언

甚多 世尊
심다 세존

須菩提 諸微塵 如來說 非微塵 是名 微塵
수보리 제미진 여래설 비미진 시명 미진

如來說 世界 非世界 是名 世界
여래설 세계 비세계 시명 세계

須菩提 於意云何 可以 三十二相 見如來不
수보리 어의운하 가이 삼십이상 견여래부

"세존이시여, 여래는 법을 말한 바가 없습니다."

"수보리여, 어찌 생각하느냐於意云何? 삼천대천세계에 있는 모든 미진微塵은 많다 할 수 있겠느냐?"

수보리가 대답했다.

"매우 많습니다, 세존이시여."

"수보리여, 모든 미진은, 여래가 설하되, 미진이 아니라 그 이름이 미진이니라. 여래가 설하노니, 세계는 세계가 아니라 그 이름이 세계이니라.

수보리여, 어떻게 생각하느냐? 삼십이상三十二相[2]으로 여래를 볼 수 있겠느냐?"

不也 世尊 不可以三十二相 得見如來 何
불야 세존 불가이삼십이상 득견여래 하

以故 如來說 三十二相 則是非相 是名
이고 여래설 삼십이상 즉시비상 시명

三十二相
삼십이상

須菩提 若有 善男子善女人 以恒河沙等
수보리 약유 선남자선여인 이항하사등

身命布施 若復 有人 於此經中 乃至 受持
신명보시 약부 유인 어차경중 내지 수지

四句偈等 爲他人說 其福甚多
사구게등 위타인설 기복심다

"볼 수 없습니다, 세존이시여. 삼십이상으로 여래를 볼 수는 없나이다. 왜냐하면 여래께서 말씀하시는 '삼십이상'은 곧 상相이 아니며, 그 이름이 '삼십이상'이기 때문입니다."

"수보리여, 만약 선남자와 선여인이 있어, 항하의 모래수만큼 몸과 목숨을 보시하더라도, 다시 어떤 사람이 이 경전 가운데에서, 심지어 사구게라도 받아 지니고 다른 사람을 위해 설한다면, 그 복덕이 심히 더 크리라."

1 고려대장경 원문에는 '불설(佛說) 반야바라밀(般若波羅蜜) 즉비반야바라밀(則非般若波羅蜜)'로 문장이 끝나는데, 대다수의 『금강경』 해설서들이 이 문장 뒤에 '시명(是名) 반야바라밀(般若波羅蜜)'이라는 구절을 추가하고 있다. 조선시대 판본에서부터 확인되므로 단순히 최근에 생긴 오류라고 할 수는 없다. 또 '불설(佛說) A, 즉비(則非) A, 시명(是名) A'라는 『금강경』만의 독특한 문장 형식이 뒤에서도 여러 차례 반복되므로, 이 부분 역시 '시명(是名) 반야바라밀(般若波羅蜜)'이 생략된 것으로 보고 이를 보충하는 것이 더 합당하다고 생각할 여지가 충분히 있다. 하지만 반대로, 이 추가적인 구절이 없다고 전체 문장의 뜻이 달라지는 것은 아니다. 없으면 없는 대로, 있으면 있는 대로 읽는 것이 기본일 것이다. 그래야 산은 산이고 물은 물이다.

2 삼십이상(三十二相): 부처님의 신체적 특징으로, 위대한 성인, 즉 전륜성왕(轉輪聖王)이나 부처에게만 나타나는 32가지 특수한 신체적 특징을 의미한다. 고대 인도의 전통적인 사상인 '마하푸루샤 락샤나(Mahāpuruṣa-lakṣaṇa, महापुरुषलक्षण)'에서 유래하였으며, 불교에서는 이를 부처님이 성취한 공덕의 결과로 나타나는 상징적인 신체적 특징으로 해석한다.

대표적인 삼십이상의 예로는 다음과 같다.

• 육아상(肉髻相): 머리 위에 육계(肉髻)가 있음.

• 백호상(白毫相): 이마에 흰 털이 나와 있음.

• 사자상(師子相): 사자와 같은 기백이 있음.

• 평박족상(平博足相): 발바닥이 평평하고 넓음.

그러나 이 책 『금강경』에서는 '삼십이상을 가진다고 해서 진정한 부처(如來)를 볼 수 있는 것은 아니다'라고 설한다. 이는 '형상(相)에 집착하지 말라'는 가르침과 연결된다. 삼십이상이라는 외형적 특징에 집착하는 것은 부처의 본질을 이해하지 못한 것임을 경계하며, '상에 머무르지 않는 지혜'를 강조하고 있다.

離相寂滅分 第十四
이 상 적 멸 분 제 십 사

爾時 須菩提 聞說是經 深解義趣 涕淚悲泣
이시 수보리 문설시경 심해의취 체루비읍

而白佛言
이백불언

希有 世尊 佛說如是甚深經典 我從昔來 所
희유 세존 불설여시심심경전 아종석래 소

得慧眼 未曾得聞 如是之經
득혜안 미증득문 여시지경

世尊 若復 有人 得聞是經 信心淸淨 則生實
세존 약부 유인 득문시경 신심청정 즉생실

相 當知 是人 成就第一 希有功德 世尊 是
상 당지 시인 성취제일 희유공덕 세존 시

實相者 則是 非相 是故 如來說名實相
실상자 즉시 비상 시고 여래설명실상

138

14

상을 떠나 적멸에 이르다[1]

그때 수보리는 이 경에 대한 말씀을 듣고聞說是經, 그 뜻과 이치를 깊이 깨달아深解義趣,[2] 눈물을 흘리고 슬피 울며涕淚悲泣 부처님께 아뢰었다而白佛言.

"희유希有하신 세존이시여! 부처님께서 이 같은 매우 깊은 경전是甚深經典을 말씀하셨나이다. 저는 예로부터 얻은 지혜의 눈慧眼으로도, 일찍이曾 이 같은 경을 들어 본 적이 없었나이다.

세존이시여, 만일 어떤 사람이 또한 이 경을 듣고 진실하고 맑은 믿음을信心淸淨 가진다면, 곧 실상實相[3] (참된 진리)을 낸다면, 마땅히 이 사람이 제일 희유한 공덕을 성취했음을 알겠나이다. 세존이시여, 이 실상實相이란 곧 상相이 아닌 것이므로則是非相, 여래께서는 이를 이름하여 실상이라 말씀하셨나이다.

世尊 我今得聞如是經典 信解受持不足爲難
세존 아금득문여시경전 신해수지부족위난

若當來世 後五百歲 其有衆生 得聞是經 信
약당래세 후오백세 기유중생 득문시경 신

解受持 是人 則爲第一希有 何以故 此人 無
해수지 시인 즉위제일희유 하이고 차인 무

我相 無人相 無衆生相 無壽者相 所以者
아상 무인상 무중생상 무수자상 소이자

何 我相 則是非相 人相衆生相 壽者相 則是
하 아상 즉시비상 인상중생상 수자상 즉시

非相 何以故 離一切諸相 則名諸佛
비상 하이고 이일체제상 즉명제불

佛告 須菩提
불고 수보리

"바로 그렇다如是如是. 만약 다시 어떤 사람이若復有人이 경을 듣고 놀라지 않고不驚, 겁내지 않고不怖, 두려워하지 않는다면不畏, 마땅히 알지니當知, 그 사람은 참으로 희유하다甚爲希有. 왜냐하면 수보리여, 여래가 제일 바라밀이라 말하는 것이如來說第一波羅蜜 곧 제일 바라밀이어서가 아니라, 그 이름이 제일 바라밀이기是名第一波羅蜜 때문이니라. 수보리여, 인욕바라밀忍辱波羅蜜이란, 여래가 말하노니如來說 그것은 인욕바라밀이 아니라非忍辱波羅蜜, 다만 그 이름이 인욕바라밀이라 하느니라. 왜냐하면 수보리여, 내가 옛적 가리왕歌利王에게 당하여 몸이 난도질 당했을 때割截身體, 나는 그때 아상이 없고無我相, 인상이 없고無人相, 중생상이 없고無衆生相, 수자상이 없었느니라無壽者相.

143

何以故 我於往昔節節支解時 若有我相 人相
하이고 아어왕석절절지해시 약유아상 인상

衆生相 壽者相 應生瞋恨 須菩提 又念過
중생상 수자상 응생진한 수보리 우념과

去於五百世作忍辱仙人 於爾所世 無我相
거어오백세작인욕선인 어이소세 무아상

無人相 無衆生相 無壽者相
무인상 무중생상 무수자상

是故 須菩提 菩薩應離一切相 發阿耨多羅
시고 수보리 보살응이일체상 발아뇩다라

三藐三菩提心 不應住色生心 不應住聲香味
삼막삼보리심 불응주색생심 불응주성향미

觸法生心 應生無所住心 若心有住 則爲非住
촉법생심 응생무소주심 약심유주 즉위비주

144

왜냐하면 내가 옛적에 사지가 하나하나 잘릴 때, 만약 내게 아상, 인상, 중생상, 수자상이 있었다면 응당 성내고 원망하였을 것이기應生瞋恨 때문이다. 수보리여, 또한 과거를 생각해 보건대, 내가 오백 생에 걸쳐 인욕을 닦는 수행자로忍辱仙人 있었느니라. 그때 그 모든 생에서 나는 아상이 없고, 인상이 없고, 중생상, 수자상이 없었느니라.

그러므로 수보리여, 보살은 응당 일체의 상을 떠나應離一切相, 아뇩다라삼먁삼보리심을 발해야 하느니라. 응당 색에 머물러 마음을 내지 말고不應住色生心, 소리, 향, 맛, 촉, 법에 머무는 마음을 내지 말고, 응당 머무는 바 없는 마음을 내야應生無所住心 하느니라. 만약 마음에 머무름이 있으면若心有住, 곧 머무름이 아닌 것이 된다則爲非住.

145

是故 佛說 菩薩心 不應住色布施
시고 불설 보살심 불응주색보시

須菩提 菩薩爲利益一切衆生 應如是布施
수보리 보살위이익일체중생 응여시보시

如來說 一切諸相 則是非相 又說 一切衆生
여래 일체제상 즉시비상 우설 일체중생

則非衆生 須菩提 如來 是眞語者 實語者
즉비중생 수보리 여래 시진어자 실어자

如語者 不誑語者 不異語者
여어자 불광어자 불이어자

須菩提 如來所得法 此法無實無虛
수보리 여래소득법 차법무실무허

146

그러므로是故 부처는 말한다佛說. 보살의 마음은菩薩心 응당 색에 머물러 보시하지 않느니라不應住色布施.

수보리여, 보살은 일체 중생의 이익을 위하여 응당 이와 같이 보시하느니라應如是布施. 여래가 일체의 모든 상을 말하는 것은 곧 상이 아니며, 또한 일체 중생을 말하는 것도 곧 중생이 아니니라. 수보리여, 여래는 참된 말을 하는 자이고是眞語者, 진실한 말을 하는 자이며, 그대로의 진리를 말하는 자이고, 거짓된 말을 하지 않는 자이며, 다른 말을 하지 않는 자이니라.

수보리여, 여래가 얻은 이 법은如來所得法 진실됨도 없고 거짓됨도 없느니라此法無實無虛.

須菩提 若菩薩心 住於法而行布施 如人入闇
수보리 약보살심 주어법이행보시 여인입암

則無所見 若菩薩心 不住法而行布施 如人
즉무소견 약보살심 부주법이행보시 여인

有目 日光明照 見種種色
유목 일광명조 견종종색

須菩提 當來之世 若有善男子善女人 能於
수보리 당래지세 약유선남자선여인 능어

此經受持讀誦 則爲如來 以佛智慧 悉知是人
차경수지독송 즉위여래 이불지혜 실지시인

悉見是人 皆得成就 無量無邊功德
실견시인 개득성취 무량무변공덕

수보리여, 만약若 보살의 마음菩薩心이 법에 머물러 보시를 행한다면, 이는 마치 사람이 어둠 속에 들어 곧 아무것도 볼 수 없는 것과 같은 것이니라. 만약 보살의 마음이 법에 머물지 않고 보시를 행한다면, 이는 마치 눈을 가진 사람이 밝은 태양 아래에서 각종의 색을 보는 것과 같으니라.

수보리여, 장래의 세상에서, 만약 어떤 선남자 선여인이 있어 능히 이 경을 받아 지니고 독송한다면, 곧 여래가 부처의 지혜로以佛智慧 그 사람을 전부 알고悉知是人, 그 사람을 전부 보니悉見是人, 그들은 모두 한량없고 끝없는 공덕을 성취하느니라皆得成就無量無邊功德."

역주

1 이상적멸(離相寂滅): 문자대로 하면 '상(相)을 떠나 적멸에 이르다'이
  다. 이는 '형상에 집착하지 않음으로써 적멸에 이르다'는 의미이기
  도 하다(상에 대한 설명은 제5장 참조).

2 심해의취(深解義趣): 뜻과 이치를 깊이 이해하다.

3 실상(實相): 진실한 모습, 참된 진리.

4 오백세(五百世): 불교에서는 '생(世)'이 윤회의 한 주기를 의미하므로,
  '세(歲)'가 아니라 '생(生)'으로 번역하는 것이 더 적절하다.

持經功德分 第十五
지경공덕분 제십오

須菩提 若有善男子善女人 初日分 以恒河
수보리 약유선남자선여인 초일분 이항하

沙等身布施 中日分 復以恒河沙等身布施
사등신보시 중일분 부이항하사등신보시

後日分 亦以恒河沙等身布施 如是無量 百千
후일분 역이항하사등신보시 여시무량 백천

萬億劫 以身布施 若復有人 聞此經典 信心
만억겁 이신보시 약부유인 문차경전 신심

不逆 其福勝彼 何況書寫受持讀誦 爲人解說
불역 기복승피 하황서사수지독송 위인해설

15

경을 지니는 공덕

"수보리여, 만일 어떤 선남자와 선여인이若有善男子善女人 아침에初日分 항하의 모래만큼 몸을 보시하고以恒河沙等身布施, 한낮에도中日分 다시復 항하의 모래만큼 몸을 보시하며, 저녁에도後日分 역시亦 항하의 모래만금 몸을 보시하여, 이와 같이 헤아릴 수 없는如是無量 백천만억 겁劫 동안 보시한다고 하너라도, 만약 다시若復 어떤 사람이 있어 이 경전을 듣고聞此經典, 믿는 마음이 거스르지 않는다면信心不逆, 그 복덕은 저 앞의 복덕보다 더 뛰어나리라其福勝彼. 하물며況 이를 글로 써서書寫, 받아 지니고受持, 읽고 외우며讀誦, 사람을 위하여 풀이해서 설해준다면爲人解說 어떠하겠느냐.

153

須菩提 以要言之 是經有 不可思議 不可
수보리 이요언지 시경유 불가사의 불가

稱量 無邊功德 如來 爲發大乘者說 爲發
칭량 무변공덕 여래 위발대승자설 위발

最上乘者說
최상승자설

若有人 能受持讀誦 廣爲人說 如來悉知是人
약유인 능수지독송 광위인설 여래실지시인

悉見是人 皆得成就 不可量 不可稱 無有邊
실견시인 개득성취 불가량 불가칭 무유변

不可思議 功德 如是人等 則爲荷擔 如來 阿
불가사의 공덕 여시인등 즉위하담 여래 아

耨多羅三藐三菩提
녹다라삼먁삼보리

수보리여, 요컨대 이 경전은 일일이 칭하고 헤아릴 수도 없는不可稱量 한없는 공덕이無邊功德 있느니라. 여래는 대승大乘을 발한 자[1]를 위해 설說하고 최상승最上乘[2]을 발심한發 자를 위해 설하느니라.

만일 어떤 사람이若有人 능히能 이 경전을 받아 지니고受持, 읽고 외우며讀誦, 널리 사람들을 위해 설한다면廣爲人說, 여래는 그 사람을 전부 알고如來悉知是人, 그 사람을 전부 보나니悉見是人, 그들 모두 한량없고 셀 수 없는不可量不可稱, 끝이 없고 불가사의한無有邊不可思議 공덕功德을 성취成就하게 되느니라. 이 같은 사람들은如是人等 곧則 여래의 아뇩다라삼먁삼보리를 짊어지는爲荷擔 자들이니라.

何以故 須菩提 若樂 小法者 着我見 人見
하이고 수보리 약요 소법자 착아견 인견

衆生見 壽者見 則於此經 不能 聽受讀誦
중생견 수자견 즉어차경 불능 청수독송

爲人解說
위인해설

須菩提 在在處處 若有此經 一切世間天人
수보리 재재처처 약유차경 일체세간천인

阿修羅 所應供養 當知此處 則爲是塔 皆應
아수라 소응공양 당지차처 즉위시탑 개응

恭敬 作禮圍繞 以諸華香 而散其處
공경 작례위요 이제화향 이산기처

왜냐하면何以故 수보리여, 만일 작은 법을 즐기는 자가
若樂小法者³ 아견我見, 인견人見, 중생견衆生見, 수자견壽者
見⁴에 집착하면着,⁵ 곧則 이 경전을 듣고 받아들여 독송하
고 사람을 위해爲人 해설解說할 수 없느니라不能.

수보리여, 곳곳마다在在處處 만일 이 경전이 있는 곳이
있다면若有此經, 일체 세간의一切世間 천신과 인간과天人
아수라阿修羅가 응당 공양해야 한다所應供養. 마땅히 알
아야 하느니라當知. 이곳이 곧 탑이 됨이니則爲是塔, 모두
응당 공경하여皆應恭敬 예를 올리고作禮, 둘러 돌며圍繞⁶
온갖 꽃과 향을 그곳에 흩뿌리리라以諸華香而散其處.⁷

157

1 발대승자(發大乘者): '대승(大乘)을 발심한 사람', 즉 대승불교의 가르침을 따르고자 하는 사람. 대승불교는 모든 중생을 제도하는 보살행을 중심으로 한 불교의 큰 흐름을 가리킨다.

2 최상승(最上乘): 가장 높은 경지의 가르침을 의미하며, 불교에서 최고의 법문으로 여겨진다.

3 약요소법자(若樂小法者): '소법(小法)'은 '소승(小乘)의 가르침'을 의미한다. 소승(小乘)은 개인의 해탈을 중심으로 한 교리이다.

4 사상(四相): 네 가지 견해(四相)로서, 불교에서 집착을 버리지 못하는 사람의 대표적인 잘못된 견해를 의미한다.
네 가지 견해는 다음과 같다.
- 아견(我見): '나(我)'가 실체적으로 존재한다고 집착하는 것.
- 인견(人見): '타인(人)' 또한 실체적으로 존재한다고 보는 것.
- 중생견(衆生見): '중생(衆生)'이 실체적으로 존재한다고 생각하는 것.
- 수자견(壽者見): '생명(壽者)'이 고정된 실체라고 여기는 것.

이 네 가지 견해는 '자아에 대한 집착(我執)'을 상징하며, 깨달음을 방해하는 주요 장애물로 여겨진다. 대승불교에서는 이러한 집착을 버리고 공(空)의 이치를 깨달아야 한다고 강조한다.

5 착(着): '집착하다'의 의미를 가지며, 특정한 견해에 매여 벗어나지 못하는 상태를 뜻한다. 불교에서 집착은 깨달음을 방해하는 주요 장애물로 여겨진다.

6 위요(圍繞): 부처의 주위를 돌다, 주위를 둘러싸다라는 의미. 예를 들어 '탑을 위요하다'라는 표현은 '탑의 주위를 돌며 예배하는 것'을 의

미한다.

7 화향(華香): '꽃필 화(華)'와 '향기 향(香)'을 합친 말로, 꽃과 향을 공양물로 바치는 것을 의미. 예배와 공경의 표시로 부처님 앞에 꽃과 향을 바치며 흩뿌리는 의식을 뜻한다.

能淨業障分 第十六
능 정 업 장 분 제 십 육

復次 須菩提 善男子善女人 受持讀誦 此經
부차 수보리 선남자선여인 수지독송 차경

若爲人輕賤 是人 先世罪業 應墮惡道 以今
약위인경천 시인 선세죄업 응타악도 이금

世人 輕賤故 先世罪業 則爲消滅 當得 阿耨
세인 경천고 선세죄업 즉위소멸 당득 아뇩

多羅三藐三菩提
다 라 삼 막 삼 보 리

16

능히 업장을 정화하다

"또한復次 수보리여, 선남자 선여인이 이 경전을 수지하고 독송하는데受持讀誦, 만약 남에게 경멸과 천대를 받는다면若爲人輕賤, 이 사람은是人 전생의 죄업으로先世罪業 인해 응당 악도에 떨어질 것이지만應墮惡道, 금세에 사람들이以今世人 경멸하고 천대하는 까닭으로輕賤故 전생의 죄업이先世罪業 곧 소멸되고則爲消滅, 마땅히 아뇩다라삼먁삼보리를 얻는 것이니라.

須菩提 我念過去 無量阿僧祇劫 於然燈佛前
수보리 아념과거 무량아승지겁 어연등불전

得值 八百四千萬億 那由他 諸佛 悉皆 供養
득치 팔백사천만억 나유타 제불 실개 공양

承事 無空過者
승사 무공과자

若復有人 於後末世 能受持讀誦 此經 所得
약부유인 어후말세 능수지독송 차경 소득

功德 於我所供養 諸佛 功德 百分 不及一
공덕 어아소공양 제불 공덕 백분 불급일

千萬億分 乃至 算數 譬喩 所不能及
천만억분 내지 산수 비유 소불능급

수보리여, 내가 과거를 떠올려 보면我念過去 한량없는 헤아릴 수 없는 긴 시간에無量阿僧祇劫,[1] 연등부처님 이전에於然燈佛前, 팔백사천만억 헤아릴 수 없는 수의 부처님을那由他 諸佛 만나뵈었으며, 그 모든 부처님께 공양하고 섬기며供養承事, 헛되이 지나친 적이 없었느니라無空過者.

만약 다시 어떤 사람이若復有人 후 말세에 능히能 받아 지니고 독송하여受持讀誦, 이 경에서 얻는 공덕이 있다면, 내가 과거 모든 부처님께 공양하여 얻은於我所供養 공덕功德은, 그 공덕의 백 분의 일에도 미치지 못하며, 천만억 분의 일에도 미치지 못하거니와 심지어 셈하거나 비유로도 능히 미칠 수 없는 것이다所不能及.

須菩提 若善男子善女人 於後末世 有受持
수보리 약선남자선여인 어후말세 유수지

讀誦 此經 所得功德 我若 具說者 或有人聞
독송 차경 소득공덕 아약 구설자 혹유인문

心則狂亂 狐疑不信 須菩提 當知 是經義 不
심즉광란 호의불신 수보리 당지 시경의 불

可思議 果報亦 不可思議
가사의 과보역 불가사의

수보리여, 만약 선남자와 선여인이 후 말세에於後末世
이 경을 받아 지니고 독송하여 얻는 공덕을 내가 만약
온전히 설한다면我若具說者,² 혹或 어떤 사람은 듣고서 마
음이 곧 미쳐 어지러워지고心則狂亂, 의심하여 믿지 않으
리라狐疑不信.³ 수보리여, 마땅히 알지니當知, 이 경의 뜻
은 불가사의하고是經義不可思議, 그 과보 또한 불가사의하
니라果報亦不可思議."

1 아승지겁(阿僧祇劫): 헤아릴 수 없는 긴 시간. 한편 '아승지겁'은 관용

   적으로 널리 쓰이는 이독(異讀)에 가깝다. 한자 자체의 독음은 '아승

   기겁' 쪽이다.

   한국학중앙연구원『한국민족문화대백과사전』도 표제어를 '아승기

   겁(阿僧祇劫)'으로 잡는다. 다만 아승지겁도 불교권에서 매우 흔한

   관용어라, 둘 다 통용된다.

2 설자(說者): 말한다면. 자(者)가 가정법의 어미처럼 쓰이며, '~한다면'

   이라는 의미이다.

3 호의(狐疑): 의심하다. '여우처럼 의심이 많음'을 뜻하는 불교 용어.

究竟無我分 第十七
구 경 무 아 분 제 십 칠

爾時 須菩提 白佛言
이 시 수 보 리 백 불 언

世尊 善男子善女人 發阿耨多羅三藐三菩提
세 존 선 남 자 선 여 인 발 아 뇩 다 라 삼 먁 삼 보 리

心 云何應住 云何降伏其心
심 운 하 응 주 운 하 항 복 기 심

佛告 須菩提
불 고 수 보 리

若善男子善女人 發阿耨多羅三藐三菩提心者
약 선 남 자 선 여 인 발 아 뇩 다 라 삼 먁 삼 보 리 심 자

當生如是心
당 생 여 시 심

我應滅度 一切衆生
아 응 멸 도 일 체 중 생

滅度一切衆生已 而無有一 衆生實滅度者
멸 도 일 체 중 생 이 이 무 유 일 중 생 실 멸 도 자

17

궁극적으로 나는 없다

그때爾時 수보리가 부처님께 여쭈었다白佛言.

"세존이시여, 선남자 선여인이 아뇩다라삼먁삼보리심發阿耨多羅三藐三菩提心을 발하면 어떻게 응당 머물며云何應住, 어떻게 그 마음을 항복시키나이까云何降伏其心?"

부처님께서 수보리에게 이르셨다佛告 須菩提.

"만약若 선남자와 선여인이 아뇩다라삼먁삼보리심을 발하면, 마땅히 이와 같은 마음을 내느니라當生如是心.

'나는 응당 일체의 중생을 멸도하리라我應滅度 一切衆生.'

그러나 일체 중생을 멸도한 뒤에도滅度一切衆生已, 실로 멸도된 중생은 없느니라無有一 衆生實滅度者.

何以故　須菩提　若菩薩有我相　人相　衆生相
하이고　수보리　약보살유아상　인상　중생상

壽者相　則非菩薩　所以者何　須菩提　實無有
수자상　즉비보살　소이자하　수보리　실무유

法　發阿耨多羅三藐三菩提心者
법　발아뇩다라삼먁삼보리심자

須菩提　於意云何　如來於燃燈佛所　有法得
수보리　어의운하　여래어연등불소　유법득

阿耨多羅三藐三菩提不
아뇩다라삼먁삼보리부

不也　世尊　如我解　佛所說義　佛於燃燈佛所
불야　세존　여아해　불소설의　불어연등불소

無有法得　阿耨多羅三藐三菩提
무유법득　아뇩다라삼먁삼보리

佛言
불언

왜냐하면何以故 수보리여, 만약 보살이 나라는 상, 사람이라는 상, 중생이라는 상, 수자라는 상을 지니면 곧 보살이 아니기 때문이다則非菩薩. 무엇 때문인가 하면所以者何, 수보리여, 실로 어떤 법이 있어 아뇩다라삼먁삼보리심을 발하는 것이 아니기 때문이다.

수보리여, 어떻게 생각하느냐? 여래가 연등부처님 앞에서 아뇩다라삼먁삼보리 법을 얻은 것이 있겠느냐有法得阿耨多羅三藐三菩提不?"

"아닙니다, 세존이시여! 제가 부처님 말씀을 이해한 바로는如我解佛所說義 부처님께서 연등부처님 앞에서佛於燃燈佛所 아뇩다라삼먁삼보리 법을 얻은 것은 없나이다."

부처님이 말씀하셨다佛言.

如是如是 須菩提 實無有法 如來得阿耨多
여시여시 수보리 실무유법 여래득아뇩다

羅三藐三菩提 須菩提 若有法 如來得 阿耨
라삼먁삼보리 수보리 약유법 여래득 아뇩

多羅三藐三菩提者 燃燈佛則 不與我授記
다라삼먁삼보리자 연등불즉 불여아수기

汝於來世 當得作佛 號釋迦牟尼
여어내세 당득작불 호석가모니

以實無有法 得阿耨多羅三藐三菩提 是故
이실무유법 득아뇩다라삼먁삼보리 시고

燃燈佛 與我授記 作是言 汝於來世 當得作
연등불 여아수기 작시언 여어내세 당득작

佛 號釋迦牟尼 何以故 如來者 則諸法如義
불 호석가모니 하이고 여래자 즉제법여의

"바로 그렇다如是如是. 수보리여, 실제로 여래가 아뇩다라삼먁삼보리 법을 얻은 것은 없다. 수보리여, 만약 여래가 아뇩다라삼먁삼보리 법을 얻은 것이 있다면, 연등부처님께서 곧 내게 '그대는 내세에 마땅히 부처를 이루리니 그 이름을 석가모니라 하리라' 하는 수기를 주지 않으셨을 것이다不與我授記.

실제로 아뇩다라삼먁삼보리를 얻는 법은 없다. 그런 까닭에 연등부처님께서는 내게 수기를 주시고 이와 같이 말씀하신 것이다. '그대는 내세에 마땅히 부처가 되리니 이름을 석가모니라 하리라汝於來世 當得作佛 號釋迦牟尼.' 왜냐하면何以故 여래란如來者 곧 모든 법의 여如(있는 그대로의 그러함)라는 뜻이기 때문이다則諸法如義.

若有人言 如來得 阿耨多羅三藐三菩提 須
약유인언 여래득 아뇩다라삼먁삼보리 수

菩提 實無有法 佛得 阿耨多羅三藐三菩提
보리 실무유법 불득 아뇩다라삼먁삼보리

須菩提 如來所得 阿耨多羅三藐三菩提
수보리 여래소득 아뇩다라삼먁삼보리

於是中無實無虛 是故如來說 一切法 皆是佛
어시중무실무허 시고여래설 일체법 개시불

法 須菩提 所言一切法者 則非一切法 是故
법 수보리 소언일체법자 즉비일체법 시고

名一切法
명일체법

須菩提 譬如人身長大
수보리 비여인신장대

174

만약 어떤 사람이, 여래가 아뇩다라삼먁삼보리를 얻었다고 말한다면, 수보리여, 실로 법法이라는 것이 있어 부처가 아뇩다라삼먁삼보리를 얻은 것이 아니니라.

수보리여, 여래가 얻은 아뇩다라삼먁삼보리는, 그 가운데 실체도 없고 헛됨도 없느니라於是中無實無虛. 그런고로是故 여래가 말하노니, 일체의 법一切法[1]이 모두 불법佛法이니라. 수보리여, 이른바 일체법이라 하는 것은所言一切法者 곧 일체법이 아닌 것이다則非一切法. 그런고로 이름하여 일체법인 것이다是故名一切法.

수보리여, 비유하자면 사람의 몸이 크고 길다고 하는 것과 같다譬如人身長大."[2]

175

須菩提言
수보리언

世尊　如來說人身長大　則爲非大身　是名大身
세존　여래설인신장대　즉위비대신　시명대신

須菩提　菩薩亦如是　若作是言　我當滅度
수보리　보살역여시　약작시언　아당멸도

無量衆生　則不名菩薩　何以故　須菩提　實無
무량중생　즉불명보살　하이고　수보리　실무

有法　名爲菩薩
유법　명위보살

是故佛說　一切法無我　無人無衆生　無壽者
시고불설　일체법무아　무인무중생　무수자

176

수보리가 말했다須菩提言.

"세존이시여, 여래께서 말씀하신 '사람의 몸이 크고 길다'는 것은 곧則爲³ 큰 몸이 아니니, 이름하여 큰 몸이라 한 것입니다是名大身."⁴

"수보리여, 보살도 또한 이와 같다菩薩亦如是. 만약 이와 같이, '나는 마땅히 무량 중생을 멸도하리라我當滅度無量衆生'라고 말한다면, 곧 보살이라 이름할 수 없느니라則不名菩薩. 왜냐하면何以故 수보리여, 실로 법法이라는 것이 있어 그것을 '보살'이라 이름할 수 있는 것이 아니기 때문이니라實無有法名爲菩薩.

그런 이유로 여래가 말하노니, 일체의 법은 나我가 없고, 사람人이 없고, 중생衆生이 없고, 수자壽者가 없는 것이다.

須菩提 若菩薩作是言 我當莊嚴佛土 是不名
수보리 약보살작시언 아당장엄불토 시불명

菩薩 何以故 如來說 莊嚴佛土者 則非莊嚴
보살 하이고 여래설 장엄불토자 즉비장엄

是名莊嚴
시명장엄

須菩提 若菩薩 通達無我法者 如來說 名眞
수보리 약보살 통달무아법자 여래설 명진

是菩薩
시보살

수보리여, 만약 보살이 이와 같이, '나는 마땅히 불국토를 장엄莊嚴[5](훌륭하게 갖추다)하리라我當莊嚴佛土'[6]라는 말을 한다면, 곧 보살이라 이름할 수 없느니라. 왜냐하면 여래는 말하노니如來說, 불국토를 장엄한다는 것은 곧 장엄한다는 것이 아니라莊嚴佛土者 則非莊嚴 이름하여 '장엄한다'는 것이다.

수보리여, 만약 보살이 무아의 법無我法을 통달한 자라면若菩薩通達無我法者, 여래가 말하노니如來說, 이름하여 참으로 그가 보살이니라名眞是菩薩."

1 일체법(一切法): 모든 존재와 현상을 총괄하여 일컫는 불교 용어로, 우주 만유의 법칙과 현상을 포함하는 개념이다. 불교에서는 모든 것 (一切)이 법(法)으로 규명되며, 이때 법이란 존재하는 모든 것, 즉 물질적 현상뿐만 아니라 정신적 현상까지 포함하여 '있다고 인식되는 모든 것'을 뜻한다. 이 법들은 조건과 인연에 따라 생겨나고 사라지는 무상(無常)하고 공(空)한 성질을 가진다.

2 인신장대(人身長大): 문자 그대로는 '사람의 몸이 크다'는 의미. 이 비유는 상대적인 개념이 실체가 없음을 강조하기 위해 사용된다. 즉, '큰 몸'이라는 개념은 '작은 몸'과의 비교를 통해서만 성립되며, 그 자체로 절대적인 실체가 없다는 것을 나타낸다. 이러한 비유를 통해 모든 현상과 개념이 상대적이며 공(空)하다는 불교의 가르침을 전달하고자 한다.

3 즉위(則爲): 곧 ~이다.

4 시명(是名): 그러므로 이름을 ~라 한다.

5 장엄(莊嚴 saṃbhāra, alaṅkāra): 본래 의미는 '엄숙하고 장려하게 꾸미다, 장식하다, 완전하게 하다'이다. 불교에서는 '청정하고 완전한 상태로 가꾸는 것', 즉 깨달음의 경지를 이룩하는 수행을 의미한다.

6 불토(佛土 Buddha-kṣetra): '부처님의 국토', 즉 부처님의 가르침이 실현되는 세계로 보통 정토(淨土 Pure Land)를 의미하며, 불국토(佛國土)라고도 한다. 정토사상(淨土思想)에서는 극락세계(西方極樂世界)와 같은 청정한 불국토를 의미한다.

따라서 '장엄불토(莊嚴佛土)'는 '부처님의 세계를 장엄하게 가꾸는 것', 즉 '수행을 통해 부처님의 국토를 청정하고 완전하게 만드는 것'을 뜻한다.

진정한 불토 장엄이란, 중생을 해탈로 이끄는 무주상(無住相)의 수행

을 통해 이루어지며, 특정한 세계를 꾸미는 것이 아니라, 깨달음을
실천하는 과정 자체를 의미한다.

一體同觀分 第十八

須菩提 於意云何 如來有肉眼不
수 보 리 어 의 운 하 여 래 유 육 안 부

如是 世尊 如來有肉眼
여 시 세 존 여 래 유 육 안

須菩提 於意云何 如來有天眼不
수 보 리 어 의 운 하 여 래 유 천 안 부

如是 世尊 如來有天眼
여 시 세 존 여 래 유 천 안

須菩提 於意云何 如來有慧眼不
수 보 리 어 의 운 하 여 래 유 혜 안 부

如是 世尊 如來有慧眼
여 시 세 존 여 래 유 혜 안

須菩提 於意云何 如來有法眼不
수 보 리 어 의 운 하 여 래 유 법 안 부

如是 世尊 如來有法眼
여 시 세 존 여 래 유 법 안

18

일체를 하나로 본다

"수보리여, 어떻게 생각하느냐於意云何? 여래에게 육안 肉眼[1]이 있느냐如來有肉眼不?"

"그렇습니다如是, 세존이시여. 여래에게 육안이 있습니다如來有肉眼."

"수보리여, 어찌 생각하느냐? 여래에게 천안天眼[2]이 있느냐?"

"그렇습니다, 세존이시여. 여래에게 천안이 있습니다."

"수보리여, 어찌 생각하느냐? 여래에게 혜안慧眼[3]이 있느냐?"

"그렇습니다, 세존이시여. 여래에게 혜안이 있습니다."

"수보리여, 어찌 생각하느냐? 여래에게 법안法眼[4]이 있느냐?"

"그렇습니다, 세존이시여. 여래에게 법안이 있습니다."

須菩提 於意云何 如來有佛眼不
수보리 어의운하 여래유불안부

如是 世尊 如來有佛眼
여시 세존 여래유불안

須菩提 於意云何 如恒河中所有沙 佛說是沙不
수보리 어의운하 여항하중소유사 불설시사부

如是 世尊 如來說是沙
여시 세존 여래설시사

須菩提 於意云何 如一恒河中所有沙 有如
수보리 어의운하 여일항하중소유사 유여

是沙等恒河 是諸恒河所有沙數 佛世界如是
시사등항하 시제항하소유사수 불세계여시

寧爲多不
영위다부

甚多 世尊
심다 세존

"수보리여, 어찌 생각하느냐? 여래에게 불안佛眼[5]이 있느냐?"

"그렇습니다, 세존이시여. 여래에게 불안이 있습니다."

"수보리여, 어찌 생각하느냐? 항하 속에 있는 모든 모래를 두고如恒河中所有沙, 여래가 이를 모래라 한 것이냐如來說是沙?"

"그렇습니다, 세존이시여. 여래께서는 이를 모래라 말씀하셨나이다."

"수보리여, 어찌 생각하느냐? 하나의 항하 속에 있는 모든 모래와 같이 그러한 모래의 수만큼의 항하가 있다고 하자. 이러한 모든 항하에 있는 모래의 수와 같은 불세계佛世界가 있다면, 이것은 많다고 할 수 있겠느냐?"

"매우 많습니다甚多, 세존이시여."

佛告須菩提
불고수보리

爾所國土中　所有衆生　若干種心　如來悉知
이소국토중　소유중생　약간종심　여래실지

何以故　如來說諸心　皆爲非心　是名爲心　所
하이고　여래설제심　개위비심　시명위심　소

以者何　須菩提　過去心不可得　現在心不可
이자하　수보리　과거심불가득　현재심불가

得　未來心不可得
득　미래심불가득

부처님께서 수보리에게 이르셨다佛告須菩提.

"그만큼의 국토 가운데爾所國土中, 그 안에 있는 모든 중생의 갖가지 마음을若干種心 여래는 전부 아느니라. 왜냐하면 여래가 말하노니, 온갖 마음은 마음이 아니며, 그것을 이름하여 마음이라 하기 때문이다. 그 까닭은 무엇인가?所以者何 수보리여, 과거의 마음은 얻을 수 없고過去心不可得,[6] 현재의 마음도 얻을 수 없고現在心不可得,[7] 미래의 마음도 얻을 수 없기 때문이다未來心不可得.[8]"

1 육안(肉眼): 육신에 속한 눈으로, 중생이 가지고 있는 물리적 시각을 뜻한다. 생로병사와 물질세계의 현상을 볼 수 있지만, 진리나 무형의 세계는 보지 못한다.

오안(五眼): 불교에서 깨달음의 경지에 따라 확장되는 통찰의 깊이를 상징하며, 중생의 상태에서 부처의 경지까지 나아가는 과정으로 이해할 수 있다. 이 다섯 가지 눈을 통해 생멸의 현상과 궁극의 진리를 모두 꿰뚫어보는 것이 부처님의 경지이다.

2 천안(天眼): 범부의 육안보다 더 넓고 멀리 볼 수 있는 눈으로, 천상계와 인간계의 경계를 넘어서 보는 능력을 갖는다. 물질의 장벽을 넘어선 투시력과 원거리 시각을 가진다. 주로 신통력을 통해 얻어지는 능력으로, 생멸의 변화를 볼 수 있는 눈이다.

3 혜안(慧眼): 법(法)을 꿰뚫어보는 눈으로, 모든 현상의 참모습과 본질을 통찰하는 능력을 의미한다. 번뇌와 집착을 넘어선 지혜의 경지에서 진리를 명확히 보는 눈으로, 공(空)의 이치를 꿰뚫어보고, 고통과 무명의 근원을 파악할 수 있다.

4 법안(法眼): 교법과 진리의 본질을 꿰뚫어보는 눈으로, 수행자에게 주어지는 법의 통찰력을 의미한다. 연기(緣起)의 진리를 직관하여 세상의 실상을 이해한다.

5 불안(佛眼): 부처님의 눈 또는 완전한 깨달음의 눈. 완전하고 청정한 눈으로, 모든 존재와 현상을 한꺼번에 통찰하며, 중생의 근기와 상태를 정확히 파악한다. 불타(佛陀)의 경지에 도달하여 일체를 꿰뚫어보는 눈이다.

6 과거심(過去心): 과거는 이미 지나갔으므로, 집착하는 것은 무의미하다. 과거의 마음은 실체가 없으며, 그것에 머물러 있으면 번뇌가 생긴다.

7 현재심(現在心): 현재의 마음도 고정되지 않고 끊임없이 변화한다. '지금 이 순간'이라고 생각하는 것도 변하고 있다. 현재에 대한 집착도 결국 집착일 뿐이다.

8 미래심(未來心): 미래의 마음은 아직 오지 않았으며, 오더라도 어떻게 변할지 알 수 없다. 미래를 두려워하거나 기대하는 것은 망상일 뿐, 미래에 대한 집착은 현재를 제대로 살지 못하게 만든다.

과거심(過去心), 현재심(現在心), 미래심(未來心): 불교에서는 마음(心) 자체가 무상(無常)하며 공(空)한 것으로 가르친다. 즉 과거의 마음도, 현재의 마음도, 미래의 마음도 실체가 없으며, 집착할 수 있는 것이 아니다. 이 개념은 『금강경』의 핵심 가르침 중 하나이며, 시간적 개념 (과거, 현재, 미래)의 상대성과 마음이 본래 공함을 설명하는 논리이다.

法界通化分 第十九

법계통화분 제십구

須菩提 於意云何 若有人 滿三千大千世界
수보리 어의운하 약유인 만삼천대천세계

七寶 以用布施 是人 以是因緣 得福多不
칠보 이용보시 시인 이시인연 득복다부

如是 世尊 此人 以是因緣 得福甚多
여시 세존 차인 이시인연 득복심다

須菩提 若福德有實 如來不說 得福德多 以
수보리 약복덕유실 여래불설 득복덕다 이

福德無故 如來說 得福德多
복덕무고 여래설 득복덕다

19

법계를 꿰뚫고 교화를 이루다[1]

"수보리여, 어떻게 생각하느냐於意云何? 만약 어떤 사람이 삼천대천세계에 칠보七寶를 가득 채워 보시에 사용한다면以用布施, 이 사람은是人 이 인연因緣으로 많은 복덕福多을 얻겠느냐?"

"그렇습니다如是, 세존이시여. 그 사람은 그 인연으로 매우 많은 복덕을 얻을 것입니다."

"수보리여, 만약 복덕에 실체가 있다면若福德有實, 여래는 많은 복덕을 얻는다고 말하지 않았을 것이다. 복덕은 실체가 없기 때문에福德無故, 여래가 복덕을 많이 얻는다고 말한 것이다."

1 법계통화(法界通化): 법계를 두루 교화하다. '법계(法界)'는 모든 법, 즉 존재와 진리가 두루 펼쳐진 전체 세계를 뜻한다. 단순히 물리적 세계가 아니라, 진여(眞如)와 연기(緣起)가 동시에 성립하는 세계로, 형상과 무형, 현상과 본질이 함께 작용하는 전체 실재를 말한다.

통화(通化): 동사 두 개를 나열한 것으로, 통(通)은 진리를 깊이 깨달 아 모든 법을 분명히 꿰뚫는 지혜, 화(化)는 교화하다. 즉 '통하고, 교 화하다'라는 의미이다.

離色離相分 第二十
이 색 이 상 분 제 이 십

須菩提 於意云何 佛可以具足色身見不
수 보 리　어 의 운 하　불 가 이 구 족 색 신 견 부

不也 世尊 如來不應以具足色身見 何以故
불 야　세 존　여 래 불 응 이 구 족 색 신 견　하 이 고

如來說 具足色身 則非具足色身 是名具足色
여 래 설　구 족 색 신　즉 비 구 족 색 신　시 명 구 족 색

身
신

須菩提 於意云何 如來可以具足諸相見不
수 보 리　어 의 운 하　여 래 가 이 구 족 제 상 견 부

不也 世尊 如來不應以具足諸相見 何以故
불 야　세 존　여 래 불 응 이 구 족 제 상 견　하 이 고

如來說 諸相具足 則非具足 是名諸相具足
여 래 설　제 상 구 족　즉 비 구 족　시 명 제 상 구 족

20

색을 떠나 상을 떠나

"수보리여, 어떻게 생각하느냐於意云何? 부처를 구족색신具足[1]色身[2]으로 볼 수 있겠느냐?"

"아닙니다, 세존이시여. 여래는 응당 구족색신으로 보아서는 안 됩니다不應以具足色身見[3]. 왜냐하면 여래가 말하는 구족색신은 곧 구족색신이 아니라則非具足色身, 그것을 이름하여 구족색신이라 하기 때문입니다是名具足色身."

"수보리여, 어찌 생각하느냐?於意云何 여래를 모든 상을 완전히 갖춘 존재로 볼 수 있겠느냐可以具足諸相見不?"

"아닙니다不也, 세존이시여. 여래는 응당 모든 상[4]을 갖춘 존재로서 볼 수는 없습니다如來不應以具足諸相見. 왜냐하면何以故 여래께서 말씀하시는 '제상구족諸相具足'이란 곧 완전히 갖추었다는 것이 아니라則非具足, 그것을 이름하여 '제상구족'이라 하는 것입니다是名諸相具足."

1 구족(具足): 모든 것을 완전히 갖추다.

2 색신(色身): 불교에서는 부처의 몸을 크게 두 가지로 나눈다. 색신(色身)은 형체가 있는 몸, 즉 부처의 물질적인 신체를 뜻하며, 법신(法身)은 진리 그 자체로서의 부처, 무형의 존재를 의미한다

3 구족색신(具足色身): 모든 뛰어난 신체적 특징을 완전히 갖춘 몸. 구족색신은 일반 중생의 몸과는 다르게 부처의 위신력과 공덕으로 이루어진 신체로, 다음과 같은 특징을 가진다.

• 삼십이상(三十二相): 부처가 갖춘 32가지 뛰어난 신체적 특징(如來三十二相).

• 팔십종호(八十種好): 삼십이상을 보완하는 팔십 가지의 미세한 아름다운 특징.

구족색신은 단순한 물질적인 몸이 아니라, 부처의 공덕과 깨달음이 완전하게 구현된 신체이다. 따라서 경전에서는 부처가 중생에게 올바른 법을 설하기 위해 이 색신을 나타낸다고 설명한다.

4 상호(相好)는 부처의 신체적 특징과 그 아름다움을 나타내는 용어로, 크게 삼십이상(三十二相)과 팔십종호(八十種好)로 구성된다. 상(相)은 눈, 코, 귀 등의 신체적 특징을 의미하며, 특히 부처가 수행을 통해 얻은 특별한 신체적 표지(표상, rūpa-lakṣaṇa)를 가리킨다. 호(好)는 신체의 미세한 아름다움(微妙好)을 의미하며, 삼십이상을 더욱 돋보이게 하는 80가지의 세부적인 특징을 뜻한다. 즉, 상(相)은 부처가 갖춘 기본적인 신체적 특징이고, 호(好)는 그 특징을 더욱 아름답게 하는 요소이다.

非說所說分 第二十一
비설소설분 제이십일

須菩提 汝勿謂 如來作是念 我當有所說法
수보리 여물위 여래작시념 아당유소설법

莫作是念 何以故 若人言 如來有所說法
막작시념 하이고 약인언 여래유소설법

則爲謗佛 不能解我所說故
즉위방불 불능해아소설고

須菩提 說法者 無法可說 是名說法
수보리 설법자 무법가설 시명설법

爾時 慧命須菩提 白佛言
이시 혜명수보리 백불언

21

설한 게 설한 바가 아니다

"수보리여, 그대는 여래가 '나는 마땅히 법을 설한 바 있다我當有所說法'¹ 여긴다고 말하지 마라.

그런 생각도 하지 마라莫作是念. 왜냐하면 만약 어떤 사람이 여래기 법을 설한 바 있다고 한다면如來有所說法, 곧 부처를 비방하는 것으로則爲謗佛, 내가 말한 바를 이해하지 못한 것이기 때문이다不能解我所說故.

수보리여, 설법이라 해도說法者 설할 수 있는 법은 없으니無法可說, 그 이름이 설법일 뿐인 것이다是名說法."

그때爾時, 혜명慧命 수보리가 부처님께 여쭈었다白佛言.

世尊 頗有衆生 於未來世 聞說是法 生信心不
세존 파유중생 어미래세 문설시법 생신심부

佛言
불언

須菩提 彼非衆生 非不衆生 何以故 須菩提
수보리 피비중생 비불중생 하이고 수보리

衆生衆生者 如來說 非衆生 是名衆生
중생중생자 여래설 비중생 시명중생

"세존이시여, 혹頗 중생이 있어 미래세에於未來世 이러한 법에 대해 설하심을 듣고聞說是法, 믿는 마음이 생기겠습니까生信心不?"

부처님이 말씀하셨다佛言.

"수보리여, 그는 중생이 아니며彼非衆生, 중생이 아닌 것도 아니다非不衆生.² 왜냐하면 수보리여, 중생 중생이라 하지만衆生衆生者 여래가 말하는 중생은 중생이 아니다如來說非衆生. 중생이라 이름하는 것이다."

1 아당유소설법(我當有所說法)에서 '당(當 마땅히)'의 문자적 의미를 살리고, '유소설법(有所說法)'을 문자 그대로 번역하면 앞의 해석과 같은 의미가 된다.

2 피비중생 비불중생(彼非衆生 非不衆生): '非~ 非~' 구조로, '아니며 또한 아니다'이다. 여기서 분 제목에 붙은 '비(非)'는 '아니다'의 의미이지 '없다'는 의미가 아니다.

無法可得分 第二十二
무 법 가 득 분   제 이 십 이

須菩提 白佛言
수 보 리   백 불 언

世尊 佛得阿耨多羅三藐三菩提 爲無所得耶
세 존   불 득 아 뇩 다 라 삼 먁 삼 보 리   위 무 소 득 야

佛言
불 언

如是如是 須菩提 我於阿耨多羅三藐三菩提
여 시 여 시   수 보 리   아 어 아 뇩 다 라 삼 먁 삼 보 리
乃至無有少法可得 是名阿耨多羅三藐三菩提
내 지 무 유 소 법 가 득   시 명 아 뇩 다 라 삼 먁 삼 보 리

| 22 |
얻을 수 있는 법은 없다

수보리가 부처님께 여쭈었다.

"세존이시여, 부처님께서 아뇩다라삼먁삼보리를 얻으신 것도, 얻은 바가 없는 것입니까爲無所得耶?[1]"

부처님께서 말씀하셨다.

"바로 그렇다如是如是, 수보리여. 나는 아뇩다라삼먁삼보리로부터 심지어乃至 작은 법조차 얻은 바 없다無有少法可得.[2] 아뇩다라삼먁삼보리라 이름할 뿐이다."

1 위무소득야(爲無所得耶): '얻은 바가 없는 것입니까?'라는 의문의 의미다.

2 내지무유소법가득(乃至無有少法可得): 이 부분에서 '내지(乃至)'는 심지어, 나아가, ~조차의 의미이다.

淨心行善分 第二十三
정심행선분 제이십삼

復次 須菩提 是法平等 無有高下 是名阿耨
부차 수보리 시법평등 무유고하 시명아뇩

多羅三藐三菩提 以無我無人無衆生無壽者
다라삼먁삼보리 이무아무인무중생무수자

修一切善法 則得阿耨多羅三藐三菩提
수일체선법 즉득아뇩다나삼먁삼보리

須菩提 所言善法者 如來說 則非善法
수보리 소언선법자 여래설 즉비선법

是名善法
시명선법

23

맑은 마음으로 선법을 행하다

"또한復次 수보리여, 이 법은 평등하여是法平等 높은 것
도 낮은 것도 없기에無有高下, 그 이름이 아뇩다라삼먁삼
보리인 것이다是名阿耨多羅三藐三菩提. 내가 없고, 사람이
없고, 중생이 없고, 수명이 없다는 그러한 상태에서以無我
無人無衆生無壽者 모든 선법을 닦으면修一切善法, 곧 아뇩
다라삼먁삼보리를 얻는 것이다則得阿耨多羅三藐三菩提.

수보리여, 이른바 선법이라는 것은所言善法者 여래가 설
하노니如來說, 곧 선법이 아니라則非善法 선법이라 이름하
는 것뿐이다是名善法."

1 즉비선법 시명선법(則非善法 是名善法): 여기에서 '則非~ 是名~'은 '소위 ~이라는 것은, 곧 ~이 아니라, 그 이름을 ~이라 하는 것이다'라는 『금강경』 특유의 구조이다.

福智無比分 第二十四
복지무비분 제이십사

須菩提 若三千大千世界中 所有諸須彌山王
수보리 약삼천대천세계중 소유제수미산왕

如是等七寶聚 有人持用布施 若人以此 般若
여시등칠보취 유인지용보시 약인이차 반야

波羅蜜經 乃至四句偈等 受持讀誦 爲他人
바라밀경 내지사구게등 수지독송 위타인

說 於前福德 百分不及一 百千萬億分 乃至
설 어전복덕 백분불급일 백천만억분 내지

算數譬喩 所不能及
산수비유 소불능급

24

복덕과 지혜를 견줄 데가 없다

"수보리여, 만약 삼천대천세계 안에 있는若三千大千世界中 모든所有 수미산왕과 이와 같은 종류의 칠보 더미를 어떤 사람이 보시에 사용한다고 해도, 만약 이 반야바라밀경般若波羅蜜經으로 심지어乃至 내 구절의 게송四句偈이라도 받아 지니고, 읽고, 외우고受持讀誦 남을 위해 설한다면爲他人說 앞의 복덕은於前福德 백 분의 일에도 미치지 못하며, 백천만억 분의 일에도 미치지 못하고, 심지어 계산이나 비유로도乃至算數譬喻 미칠 수 없는 것이다所不能及."

化無所化分 第二十五
화 무 소 화 분 제 이 십 오

須菩提 於意云何 汝等勿謂 如來作是念 我
수 보 리 어 의 운 하 여 등 물 위 여 래 작 시 념 아

當度衆生
당 도 중 생

須菩提 莫作是念 何以故 實無有衆生如來
수 보 리 막 작 시 념 하 이 고 실 무 유 중 생 여 래

度者 若有衆生如來度者 如來則有我人衆生
도 자 약 유 중 생 여 래 도 자 여 래 즉 유 아 인 중 생

壽者
수 자

須菩提 如來說 有我者 則非有我 而凡夫之
수 보 리 여 래 설 유 아 자 즉 비 유 아 이 범 부 지

人 以爲有我
인 이 위 유 아

須菩提 凡夫者 如來說 則非凡夫 是名凡夫
수 보 리 범 부 자 여 래 설 즉 비 범 부 시 명 범 부

214

| 25 |
교화하더라도 교화할 바가 없다[1]

"수보리여, 어떻게 생각하느냐於意云何? 그대들은汝等 여래如來가 '나는 마땅히 중생을 제도하리라我當度衆生' 하는 이러한 생각을 갖는다고 여기지 마라.

수보리여, 그런 생각을 갖지 말이리莫作是念. 왜냐하면 何以故 실제로 여래가 제도하는 중생은 없기 때문이다實 無有衆生如來度者. 만약 어떤 중생을 여래가 제도度하는 것 이 있다면, 여래에게는 곧 아, 인, 중생, 수자가 있는 것이 다如來則有我人衆生壽者."

수보리여, 여래가 설하는 자아가 있다는 것은有我者 곧 자아가 있다는 게 아니다則非有我. 그러나 범부들은 자아 가 있다고 여긴다而凡夫之人以爲有我.

수보리여, 범부凡夫라는 것은, 여래가 설하기를 곧 범부 가 아니며, 그 이름이 범부일 뿐이다是名凡夫."

1 무소화(無所化): 교화의 대상이 없다는 뜻. 본래 청정하여 변화가 필
   요 없다는 의미를 내포한다.

   • '교화하더라도 교화할 바가 없다'라는 제목의 표현은, 불교적 관점
     에서 '본래 성품이 청정하여 교화할 필요가 없다'는 것을 의미한다.
     이는 '성범일여(聖凡一如)' 사상을 반영하며, '본래 청정한 성품을
     깨닫는 것이지 변화시키는 것이 아니다'라는 무위법(無爲法)의 관
     점을 강조한 말이다.

佛度眾生

法身非相分 第二十六
법신비상분 제이십육

須菩提 於意云何 可以三十二相 觀如來不
수보리 어의운하 가이삼십이상 관여래부

須菩提言
수보리언

如是如是 以三十二相 觀如來
여시여시 이삼십이상 관여래

佛言
불언

須菩提 若以三十二相 觀如來者 轉輪聖王
수보리 약이삼십이상 관여래자 전륜성왕

則是如來
즉시여래

須菩提 白佛言
수보리 백불언

법신은 형상이 아니다

"수보리여, 어떻게 생각하느냐於意云何? 서른두 가지 상相[1]으로 여래를 볼觀 수 있겠느냐可以三十二相觀如來不?"

수보리가 대답하였다須菩提言.

"그렇습니다, 그렇습니다如是如是. 서른두 가지 상으로 여래를 볼 수 있습니다."

부처님께서 말씀하셨다.

"수보리여, 서른두 가지 상으로 여래를 볼 수 있다면 전륜성왕轉輪聖王도 여래라 할 것이다."

수보리가 부처님께 아뢰었다須菩提白佛言.

世尊 如我解 佛所說義 不應以三十二相 觀
세존 여아해 불소설의 불응이삼십이상 관

如來
여래

爾時世尊而說偈言
이시세존이설게언

若以色見我 以音聲求我 是人行邪道 不能見
약이색견아 이음성구아 시인행사도 불능견

如來
여래

"세존이시여, 제가 부처님의 말씀 뜻을 헤아려 보니如 我解佛所說義, 응당 서른두 가지 상으로 여래를 볼 수는 없습니다不應以三十二相觀如來."

그때, 세존께서 게송으로 말씀하셨다世尊而說偈言.

"색色으로 나를 보려 하고若以色見我 음성으로 나를 구하려 하면以音聲求我, 이 사람은 사도邪道를 행하니是人行 邪道 여래를 볼 수 없으리不能見如來."

1 삼십이상(三十二相): 부처가 갖춘 서른두 가지 신체적 특징. 고대 인
도에서 위대한 성자나 전륜성왕의 징표로 여겨졌으며, 대표적으로
발바닥에 바퀴무늬가 있음, 손이 길고 넓음, 정수리에 육계(肉髻)가
솟아 있음 등이 있다. 경전에서는 이를 근거로 부처를 외형으로 판단
해서는 안 된다고 설한다.

- 발바닥에 바퀴무늬가 있음 (足下安平立相 · 足下二輪相)
- 발바닥이 평평함 (足下平滿相)
- 손발가락 사이에 물갈퀴처럼 막이 있음 (手足指縵網相)
- 손발이 유연하고 부드러움 (手足柔軟相)
- 손발가락이 길고 가늘며 가지런함 (手足指長相)
- 손발이 사슴처럼 둥글고 아름다움 (手足圓滿相)
- 발꿈치가 넓고 큼 (足跟廣長相)
- 종아리 없이 다리가 곧고 단단함 (無胻相)
- 두 무릎이 감추어져 있고 가지런함 (膝蓋如鹿王相)
- 성기가 감추어져 있음 (馬陰藏相)
- 몸이 황금빛으로 빛남 (身金色相)
- 피부가 부드럽고 매끄러움 (皮膚細膩相)
- 몸에 먼지가 묻지 않음 (一塵不著身相)
- 털이 몸을 따라 오른쪽으로 말려 있음 (身毛右旋相)
- 털구멍에서 하나씩 가늘고 부드러운 털이 남 (一毛孔一毛生相)
- 몸이 사자처럼 단단하고 곧음 (身如師子相)
- 어깨가 넓고 균형 잡힘 (肩圓滿相)
- 가슴에 卍(만)자 문양이 있음 (胸有卍字相)
- 몸 위쪽이 사자처럼 융기됨 (身上隆滿相)

- 몸 좌우가 균형을 이루며 둥글고 아름다움 (身左右平正相)
- 등이 곧고 바름 (背直相)
- 팔이 길어 무릎에 닿음 (臂長過膝相)
- 무릎이 둥글고 아름다움 (膝圓滿相)
- 손바닥이 부드럽고 붉게 빛남 (手掌紅潤相)
- 목덜미가 사자처럼 둥글고 아름다움 (頸項如師子相)
- 턱이 넓고 가지런함 (頷廣長相)
- 이가 고르고 하얗고 간격이 없음 (齒齊密白相)
- 이가 마흔 개 있음 (四十齒相)
- 혀가 길고 크며 모든 것을 덮을 수 있음 (舌廣長相)
- 음성이 감미롭고 멀리까지 울림 (梵音聲相)
- 눈이 맑고 크며 짙은 푸른색임 (眼紺靑色相)
- 정수리에 육계(肉髻 살로 된 혹)가 솟아 있음 (頂有肉髻相)

無斷無滅分 第二十七
무단무멸분 제이십칠

須菩提 汝若作是念 如來不以具足相故 得阿
수보리 여약작시념 여래불이구족상고 득아

耨多羅三藐三菩提 須菩提 莫作是念 如來
녹다라삼먁삼보리 수보리 막작시념 여래

不以具足相故 得阿耨多羅三藐三菩提
불이구족상고 득아녹다라삼먁삼보리

須菩提 汝若作是念 發阿耨多羅三藐三菩提
수보리 여약작시념 발아녹다라삼먁삼보리

心者 說諸法斷滅相 莫作是念
심자 설제법단멸상 막작시념

何以故 發阿耨多羅三藐三菩提心者 於法不
하이고 발아녹다라삼먁삼보리심자 어법불

說斷滅相
설단멸상

224

27

끊어짐도 없고 소멸함도 없다

"수보리여, 그대가 만약 '여래는 구족상_{具足相}으로 말미암아 아뇩다라삼먁삼보리를 얻은 것이 아니다_{如來不以}_{具足相故 得阿耨多羅三藐三菩提}'라는 생각을 한다면, 수보리여, 그런 생각을 하지 마라_{莫作是念}. 여래는 구족상으로 말미암아 아뇩다라삼먁삼보리를 얻은 것이 아니다.

수보리여, 그대가 만약 '아뇩다라삼먁삼보리심을 발하는 자는 모든 법의 단멸상_{斷滅相}을 설하는구나_{發阿耨多羅}_{三藐三菩提心者 說諸法斷滅相}'라고 생각한다면, 그런 생각도 하지 마라_{莫作是念}.

왜냐하면_{何以故} 아뇩다라삼먁삼보리심을 발하는 자는_{發阿耨多羅三藐三菩提心者} 법에 대하여 단멸상을 말하지 않기 때문이다_{於法不說斷滅相}."

不受不貪分 第二十八
불수불탐분 제이십팔

須菩提 若菩薩 以滿恒河沙等世界七寶 持用
수보리 약보살 이만항하사등세계칠보 지용

布施 若復有人 知一切法無我 得成於忍 此
보시 약부유인 지일체법무아 득성어인 차

菩薩 勝前菩薩 所得功德 何以故 須菩提 以
보살 승전보살 소득공덕 하이고 수보리 이

諸菩薩 不受福德故
제보살 불수복덕고

須菩提 白佛言
수보리 백불언

世尊 云何菩薩不受福德
세존 운하보살불수복덕

須菩提 菩薩 所作福德 不應貪着 是故 說不
수보리 보살 소작복덕 불응탐착 시고 설불

受福德
수복덕

226

28

받지도 않고 탐하지도 않는다

"수보리여, 만약若 보살이 항하의 모래와 같은 수의 세계에 가득한 칠보로써 보시한다면持用布施, 만약 다시 어떤 사람이若復有人 일체 법이 무아無我임을 알고知一切法無我 인忍을 성취한다면得成於忍, 이 보살은 앞선 보살이 얻은 바 공덕을 능가하리라勝前菩薩 所得功德. 왜냐하면 수보리여, 모든 보살은 복덕을 받지 않기 때문이다以諸菩薩不受福德故."

수보리가 부처님께 여쭈었다.

"세존이시여, 어찌 보살은 복덕을 받지 않습니까云何菩薩不受福德?"

"수보리여, 보살은 지은 복덕에所作福德 응당 탐착하지 않느니라不應貪着. 이 때문에 복덕을 받지 않는다고 말하는 것이다."

威儀寂靜分 第二十九
위 의 적 정 분 제 이 십 구

須菩提 若有人言 如來 若來若去若坐若臥
수 보 리 약 유 인 언 여 래 약 래 약 거 약 좌 약 와

是人 不解我所說義
시 인 불 해 아 소 설 의

何以故 如來者 無所從來 亦無所去 故名如來
하 이 고 여 래 자 무 소 종 래 역 무 소 거 고 명 여 래

29

행동거지의 고요함과 청정함[1]

　"수보리여, 만약 어떤 사람이 '여래는 오기도 하고, 가기도 하고, 앉기도 하고, 눕기도 한다如來若來若去若坐若臥'[2]고 말한다면, 이 사람은是人 내가 말한 바 뜻을 이해하지 못한 것이다不解我所說義.

　왜냐하면何以故, 여래란 어디로부터 온 바도 없고無所從來 역시 어디로 간 바도 없으니亦無所去, 그런 이유로 여래라 이름하는 것이다."

1 위의(威儀)는 위엄과 예법, 행동거지를 뜻한다. 수행자 또는 성인이
  갖추어야 할 단정하고 엄숙한 몸가짐과 행위를 의미. 적정(寂靜)은
  고요하고 적막함, 청정함을 뜻한다. 마음의 고요함과 청정함을 의미
  하여, 모든 번뇌와 집착에서 벗어난 상태.

2 여래(如來): 부처님(Buddha)을 칭하는 10가지 명호 가운데 가장 중요
  한 명호. 불교 경전에서 '여래'는 시간과 공간을 초월하여 변하지 않
  는 진리를 상징하며, 불생불멸의 경지와 무집착의 깨달음을 의미한
  다. 다음과 같은 특징을 가진다.

  • 무위법(無爲法): 어떠한 인위적인 행위도 하지 않는 진리 그 자체.

  • 무상(無相): 형상이 없으므로 집착할 것이 없다.

  • 진리의 체현자: 진리를 그대로 구현하여 세상에 드러내는 존재.

  • 무집착(無執着): 모든 번뇌와 집착을 떠나 청정함을 유지.

一合理相分 第三十
일 합 이 상 분 제 삼 십

須菩提 若善男子善女人 以三千大千世界 碎
수 보 리 약 선 남 자 선 여 인 이 삼 천 대 천 세 계 쇄

爲微塵 於意云何 是微塵衆 寧爲多不
위 미 진 어 의 운 하 시 미 진 중 영 위 다 부

須菩提言
수 보 리 언

甚多 世尊 何以故 若是微塵衆實有者 佛則
심 다 세 존 하 이 고 약 시 미 진 중 실 유 자 불 즉

不說 是微塵衆 所以者何 佛說微塵衆 則非
불 설 시 미 진 중 소 이 자 하 불 설 미 진 중 즉 비

微塵衆 是名微塵衆
미 진 중 시 명 미 진 중

이치에 하나로 합해진 상

"수보리여, 만약 선남자와 선여인이 삼천대천세계를 부수어 미세한 티끌로 만든다면碎爲微塵, 어떻게 생각하느냐? 이 미진중微塵衆(미세한 티끌의 무리)이 많지 않겠느냐?"

수보리가 답했다.

"매우 많습니다, 세존이시여. 왜냐하면 만약 이 미진중이 실제로 있는 것이라면若是微塵衆實有者, 부처님께서는 곧 이를 미진중이라 말씀하지 않았을 것입니다佛則不說是微塵衆. 무엇 때문인가 하면 부처님께서는 미진중을 말씀하셨지만, 곧 미진중이 아니며, 이름이 미진중이기 때문입니다是名微塵衆.

世尊　如來所說　三千大千世界　則非世界
세존　여래소설　삼천대천세계　즉비세계

是名世界　何以故　若世界實有者　則是一合相
시명세계　하이고　약세계실유자　즉시일합상

如來說　一合相　則非一合相　是名一合相
여래설　일합상　즉비일합상　시명일합상

須菩提　一合相者　則是　不可說　但凡夫之人
수보리　일합상자　즉시　불가설　단범부지인

貪着其事
탐착기사

세존이시여, 여래께서 말씀하신 바 삼천대천세계 또한 세계가 아니며則非世界, 이름이 세계입니다. 왜냐하면 만약 세계가 실제로 있다면若世界實有者 곧 그것이 일합상一合相[1]이니, 여래께서 말씀하시는 일합상은 곧 일합상이 아니며, 이름이 일합상일 뿐입니다."

"수보리여, 일합상이란一合相者 곧 말할 수 없는 것이며則是不可說, 다만 범부의 사람이但凡夫之人 그 일에 탐착하는 것이니라貪着其事."

1 일합상(一合相): 여러 요소가 모여 하나의 형태를 이룬 상(相). 실체가 아닌 인연적 결합에 의한 형상을 말한다. 불교에서는 모든 법이 인연으로 모인 가합(假合)의 존재일 뿐 실체가 아니라는 관점에서, '세계'나 '존재'를 실체로 집착하는 것을 경계하는 개념으로 쓰인다. 여기서는 '세계'도 실체가 아니라, 단지 이름 붙인 가합의 상이라는 뜻으로 사용된다.

知見不生分 第三十一

須菩提 若人言 佛說我見人見衆生見壽者見
수보리 약인언 불설아견인견중생견수자견

須菩提 於意云何 是人 解我所說義不
수보리 어의운하 시인 해아소설의부

不也 世尊 是人 不解如來所說義 何以故
불야 세존 시인 불해여래소설의 하이고

世尊 說我見人見衆生見壽者見 則非我見
세존 설아견인견중생견수자견 즉비아견

人見 衆生見 壽者見 是名我見 人見 衆生見
인견 중생견 수자견 시명아견 인견 중생견

壽者見
수자견

238

| 31 |

분별하는 견해가 일어나지 않는다[1]

"수보리여, 만약 어떤 사람이 '부처가 아견, 인견, 중생견, 수자견[2]을 설했다佛說我見人見衆生見壽者見'고 말한다면, 수보리여, 어떻게 생각하느냐於意云何? 그 사람은是人 네가 설한 바의 의미를 이해한 것이냐解我所說義不?"

"아닙니다, 세존이시여. 그 사람은 여래께서 설한 바의 의미를 이해하지 못한 것입니다不解如來所說義. 왜냐하면 세존께서 설하신 아견我見, 인견人見, 중생견衆生見, 수자견壽者見은 곧 아견, 인견, 중생견, 수자견이 아니고, 그것을 이름하여 아견, 인견, 중생견, 수자견이라 하는 것입니다."

須菩提　發阿耨多羅三藐三菩提心者　於一切
수보리　발아뇩다라삼먁삼보리심자　어일체

法　應如是知　如是見　如是信解　不生法相
법　응여시지　여시견　여시신해　불생법상

須菩提　所言法相者　如來說則非法相　是名法
수보리　소언법상자　여래설즉비법상　시명법

相
상

"수보리여, 아뇩다라삼먁삼보리심을 발한 자는 일체 법에 대하여於一切法 응당 이와 같이 알고應如是知, 이와 같이 보고如是見, 이와 같이 믿고 이해하여如是信解, 법상 法相을 내지 말아야 하느니라不生法相.

수보리여, 이른바 법상이란 여래가 말하노니 곧 법상 이 아니며, 그것을 이름하여 법상이라 하는 것이다."

1 지견(知見)은 단순한 '지혜(wisdom)'나 '통찰(insight)'이 아니라, '분별
하는 의식 작용' 또는 '자아적 인식(我見)'을 의미한다. 불생(不生)은
그러한 집착적 분별심이 '일어나지 않는다'는 뜻으로, '무분별(無分
別)' 또는 '진여(眞如)에 대한 무심(無心)'을 나타낸다. 따라서 의역하
면 '분별하는 견해가 일어나지 않는다'는 의미이다.

2 '나에 대한 견해, 사람에 대한 견해, 중생에 대한 견해, 생명체에 대한
견해', '나라는 생각, 사람이라는 생각, 중생이라는 생각, 생명이라는
생각'. 이 네 가지 견해는 불교에서 '사견(四見)' 또는 '사상(四相)'이라
고 불리는데, 깨달음에 이르지 못한 범부(凡夫)가 가지는 잘못된 인
식을 의미한다.

應化非眞分 第三十二
응 화 비 진 분 　제 삼 십 이

須菩提 若有人 以滿無量阿僧祇世界七寶
수 보 리 　약 유 인 　이 만 무 량 아 승 지 세 계 칠 보

持用布施 若有善男子善女人 發菩薩心者
지 용 보 시 　약 유 선 남 자 선 여 인 　발 보 살 심 자

持於此經 乃至 四句偈等 受持讀誦 爲人演
지 어 차 경 　내 지 　사 구 게 등 　수 지 독 송 　위 인 연

說 其福勝彼 云何爲人演說 不取於相 如如
설 　기 복 승 피 　운 하 위 인 연 설 　불 취 어 상 　여 여

不動 何以故 一切有爲法 如夢幻泡影 如露
부 동 　하 이 고 　일 체 유 위 법 　여 몽 환 포 영 　여 로

亦如電 應作如是觀
역 여 전 　응 작 여 시 관

244

| 32 |
응화는 실재 상이 아니다[1]

"수보리여, 만약 어떤 사람이 한량없는 아승지阿僧祇 세계에 가득한 칠보七寶를 가지고 보시한다 하더라도, 만약 선남자 선여인이 보살심을 발하여 이 경을 지니되, 심지어乃至 사구게만이라도 받아 지니고 읽고 외우며四句偈等, 사람을 위하여 연설한다爲人演說면, 그 복이 저보다 뛰어나리라其福勝彼. 어떻게 하는 것이 남을 위해 설하는 것인가云何爲人演說? 상을 취하지 않고不取於相,[2] 여여如如[3] 하여 흔들리지 않는 것이다如如不動. 왜냐하면 일체의 유위법有爲法은 꿈夢과 같고 환영과 같고, 물거품과 같고 그림자와 같으며, 이슬과 같고 또한 번개와 같으니, 응당 이와 같이 볼지니라應作如是觀."

245

佛說是經已　長老須菩提　及諸比丘比丘尼優
불설시경이　장로수보리　급제비구비구니우

婆塞優婆夷　一切世間　天人阿修羅　聞佛所說
바새우바이　일체세간　천인아수라　문불소설

皆大歡喜　信受奉行
개대환희　신수봉행

부처님께서 이 경을 설하신 뒤에佛說是經已 장로長老 수보리와 여러 비구諸比丘, 비구니比丘尼, 우바새優婆塞, 우바이와 일체 세간一切世間의 천신天과 사람人과 아수라가 부처님께서 설하신 것을 듣고聞佛所說, 모두 크게 기뻐하며皆大歡喜 믿고 받아 지니며 받들어 행하였다信受奉行.

1 응화(應化): 부처님이나 보살이 중생을 교화하기 위해 나타나는 모습 또는 현현(現現)을 지칭한다.

〈불교의 삼신(三身) 개념〉

• 법신(法身): 진리 그 자체인 무형의 진리신.

• 보신(報身): 수행의 공덕으로 얻어진 영광스러운 몸.

• 응화신(應化身): 중생을 교화하기 위해 나타난 형상적 몸.

2 불취어상(不取於相): 상(相)을 취하지 않다, 모양에 집착하지 않다.

3 여여(如如): 있는 그대로, 변함없는 진리.

나가는 글
———
추천의 말

나가는 글

어느 스님과의 대화

○ 새로 번역하신 『금강경』은 잘 보았습니다. 불교에서는 언어와 문자에 집착하지 말라고 가르칩니다. 불립문자(不立文字)라고 하지요. 문자에만 지나치게 사로잡히면 오히려 본질을 놓칠 수 있음을 경고한 겁니다. 자기 생각에만 사로잡히는 것을 아집이라 한다면 그처럼 언어와 문자에만 사로잡히는 것은 '법집'이라고 하지요. 허상을 버리면 그것이 곧 실상을 보는 것인데, 허상이 아닌 실상이 따로 존재한다고 생각하면 거기서 다시 새로운 상이 생기는 것일 테고요. 이전에는 자기 생각으로 진리를 삼았다면 이번에는 부처님 말씀을 절대화해서 진리 삼는 건 아닐지도 주의해야 할 겁니다.

● 경계하겠습니다. 다만 저는 진리를 밝히려는 게 아니라, 그냥 문자 그대로의 『금강경』을 읽어보고 싶었습니다. 더 엄밀하게는 구마라집이 사용한 문자인 셈이지요. 아무리 그렇더라도 그렇게 보였다면 더욱 경계하겠습니다.

251

○ 이전과는 많이 달라지셨습니다. 편안해 보이십니다.

● 스님 덕분입니다. 세상 사람이 번역 문제로 저를 비난할 때 스스로 생각하기에 비난받을 만한 문제 제기라 여기면 기꺼이 받아들여 지혜로 삼고 비난받을 일이 아니라고 생각되면 그저 흩어지는 시내 소리, 바람 소리쯤으로 여기라 하셨죠. 상대 입장에서는 얼마든지 그렇게 볼 수 있다고, 그들이 저를 어떻게 보느냐 하는 것까지 제가 통제할 수는 없는 일이 아니냐는 말씀은 큰 깨달음이었습니다. 이후 그 말씀이 곧 '무아'에 대한 설명이었다는 것도 나중에 알았습니다.

○ 그랬던가요?

● 이전에는, 내 말이 맞는데 왜 세상은 몰라줄까, 억울했고, 여기서 물러서면 전부를 부정당할 것 같아 불안했고, 늘 화가 나 있었습니다. 『금강경』을 접하면서 깨닫게 되었습니다. 제 작업도 결국 단독으로 성립되는 것이 아니라, 모든 것과 연관되어 있다는 사실 말입니다. 그걸 깨닫고 나니 작업이 즐거웠습니다.

○ 연기를 체험하신 게죠. 잘하셨습니다. 언어는 '가리키는 손가락'이지 '달' 자체는 아니지요. 뗏목이 강을 건너기 위한 도구일 뿐인 것처럼 말입니다.

● 감사합니다.

새로운 『금강경』이 왔다

『금강경』은 누구에게나 읽히는 경전이고, 너무 오래 익숙해져버린 텍스트다. 그러나 바로 그 익숙함이 『금강경』을 가로막는 장애가 되기도 한다. 낱말은 알지만 문장은 이해되지 않고, 구절은 외지만 그 뜻은 손에 잡히지 않는다. 그리고 우리는 언제부턴가 당연하다는 듯이, 『금강경』이란 원래 그런 것이라 여겨왔다.

이정서 번역사는 이러한 습관화된 독해를 과감히 부수고, 『금강경』을 처음부터 새로 읽기 시작한다. 그는 번역자이기 이전에 '문자'를 파고드는 독자이고, 의미를 되묻는 질문자이며, 고요하게 경전을 마주하는 한 존재다.

그가 이 작업에서 취한 태도는 단호하면서도 절제되어 있다.

'應'은 '응당', '當'은 '마땅히'로.

'我相, 人相, 衆生相, 壽者相'은 일관된 용어 체계로.

'如來者 無所從來 亦無所去'는 그 자체로 여래를 말하는 문장임을 드러내고, '一合相'과 '斷滅相'은 그 어떤 부연 없이 그저 '이름일 뿐'임을 천명한다.

그가 지닌 번역의 미덕은 말을 바꾸지 않는 데 있다. 그는 텍스트를 해석하지 않고, 저자의 문장 구조를 엄격히 보존하면서 독자에게 직접 가 닿게 만든다. 그리고 그곳에서, 독자 스스로『금강경』을 듣고, 묻고, 믿고, 수지할 수 있도록 길을 열어준다.

이 번역이 지닌 가장 큰 가치는 그 '비개입성'에 있다. 설명이 빠진 자리에서『금강경』은 되레 가장 명료하게 스스로를 말한다. 지금 손에 쥔 이 번역은 누군가의 해석이 아니라,『금강경』그 자체의 말걸음이다. 그리고 그것이 지금, 바로 당신에게 도달해 있다.

_김환기(편집인)

이토록 명쾌한 금강경

초판 1쇄 인쇄 | 2026년 3월 25일
초판 1쇄 발행 | 2026년 4월 8일

지은이 이정서 ⓒ 2026
펴낸이 김환기
펴낸곳 도서출판 이른아침
주 소 경기도 고양시 덕양구 삼원로 63 고양아크비즈 927호
전 화 031-908-7995
팩 스 070-4758-0887
등 록 2003년 9월 30일 제313-2003-00324호
이메일 booksorie@naver.com

ISBN 978-89-6745-171-4 (03220)